MAREN GOTTSCHALK
JOHANNES GUTENBERG
MANN DES JAHRTAUSENDS

Doch hoff' ich, daß die Weisen alle
Drin finden werden, was gefalle,
Und sagen dann mit Wissenheit,
Daß ich gab recht und gut Bescheid.
SEBASTIAN BRANT, DAS NARRENSCHIFF, 1494

*Detail am Gutenberg-Denkmal in Mainz,
gestaltet von Bertel Thorvaldsen (1837)*

Böhlau Verlag Köln Weimar Wien 2018

Für Eberhard Weise

Bibliografische Information der Deutschen Nationalbibliothek:
Die Deutsche Nationalbibliothek verzeichnet diese Publikation in der
Deutschen Nationalbibliografie; detaillierte bibliografische Daten sind
im Internet über http://dnb.d-nb.de abrufbar.

© 2018 by Böhlau Verlag GmbH & Cie, Köln Weimar Wien
Lindenstraße 14, D-50674 Köln, www.boehlau-verlag.com
Alle Rechte vorbehalten. Dieses Werk ist urheberrechtlich geschützt.
Jede Verwertung außerhalb der engen Grenzen des Urheberrechtsgesetzes
ist unzulässig.

Lektorat: Detlef Reich, Köln
Einband- und Buchgestaltung: Rüdiger Müller, Köln
Satz: René Schulz, Siegburg
Schrift: Gentium Book Basic (Fließtext), Agency FB (Überschriften)
Titelbild: Porträt eines unbekannten Künstlers von Johannes Gutenberg,
das erst nach seinem Tod entstand und daher ein Phantasiebildnis ist.
Druck: Grafisches Centrum Cuno, Calbe
Printed in Germany

ISBN 978-3-412-51250-7

JG

- DAS GENIE IM DUNKELN | 06
- KINDHEIT IN ENGEN GASSEN | 09
- JOHANNES AUS ALTA VILLA | 29
- PATRIZIERSOHN AUF WANDERSCHAFT | 43
- JUNGUNTERNEHMER IN STRASSBURG | 58
- DIE GEHEIME GESELLSCHAFT | 77
- DAS WERK DER BÜCHER | 93
- IM ANFANG WAR DER BUCHSTABE | 111
- DAS ENDE EINER GESCHÄFTSBEZIEHUNG | 119
- SPÄTE ANERKENNUNG | 131
- VOM BUCHDRUCK ZUM IPHONE | 148

LITERATURVERZEICHNIS | 155
ABBILDUNGSNACHWEIS | 156

Deutschland ist in der Tat wert, geehrt und durch alle Jahrhunderte hoch gepriesen zu werden als Erfinderin der segensreichen Kunst.
Giovanni Andrea Bussi, 1468

DAS GENIE IM DUNKELN

Johannes Gutenberg ist nicht der Erfinder des *Buchdrucks*. Er ist der Erfinder des *Buchdrucks mit beweglichen Lettern.* Ganz korrekt müsste man sogar sagen: mit *bewegbaren* Lettern. Aber wie immer wir seine technische Leistung auch benennen, eine Wahrheit bleibt unbestritten: Johannes Gutenberg hat die Welt mit seiner Erfindung auf tiefgreifende Weise verändert.

Welche andere historische Persönlichkeit können wir neben Gutenberg stellen und behaupten, sie habe ähnliches bewirkt? So folgenreich war der Buchdruck, dass er sogar den Beginn einer Epoche markiert: Will man das Ende des Mittelalters und den Beginn der Neuzeit datieren, kommt man nicht nur auf die Reformation und die Landung von Kolumbus in Amerika, sondern unweigerlich auch auf die erste Druckerwerkstatt zu sprechen – und damit auf den Mann, der sie eingerichtet hat.

Denn erst durch die schnelle und kostengünstige Herstellung von Büchern fand das Wissen weite Verbreitung, konnten Ideen zünden und die Menschen mobilisieren. Nicht nur die Reformation wäre ohne die Druckerpresse undenkbar gewesen, auch die Aufklärung und die Französische Revolution hätten so nicht stattfinden können. Johannes Gutenberg hat mit seiner ersten Druckerpresse den Hebel umgelegt, der Massenkommunikation, Information und Bildung für alle erst möglich machte. Im 18. Jahrhundert kommentierte der Göttinger Physiker Georg Christoph Lichtenberg die Leistung Gutenbergs deshalb so: „Mehr als das Blei in den Kugeln hat das Blei in den Setzkästen die Welt verändert."

Der Buchdruck mit beweglichen Lettern ist nicht durch einen Geistesblitz entstanden. Vielmehr ist er das Produkt einer langen Experimentierphase. Alle technischen Geräte, angefangen beim Handgießgerät für die Herstellung der Lettern, über den Winkelhaken und das Setzschiff bis zur Druckerpresse selbst, mussten neu erfunden werden. Sie entstanden im

Kopf eines genialen Tüftlers, der sie zuerst entworfen und gezeichnet hat, um sie schließlich zu bauen oder bauen zu lassen. Keines der Geräte war von einem auf den anderen Moment fertig, sondern durchlief einen Prozess des Verwerfens und Verbesserns. Jeder Handgriff musste erdacht, geübt und benannt werden.

Auch wenn dieser Entwicklungsprozess nicht überliefert ist, fällt es nicht schwer, sich vorzustellen, wie es gewesen sein könnte. Es muss Phasen gegeben haben, in denen nichts so funktionierte wie gewünscht. In den Anfängen dürfte Gutenberg das Papier unter der Presse zerrissen und die Farbe zerlaufen sein. Mit Sicherheit sind ihm zu Beginn auch Buchstaben verrutscht, denn *tanzende Buchstaben* werden die Drucker noch Jahrhunderte nach Gutenberg quälen. Keine Frage: Es hat Tage und Nächte gegeben, in denen Gutenberg Stunde um Stunde darum kämpfte, die Technik zu verbessern und zu verfeinern.

Immerhin stand er nicht allein da: Johannes Gutenberg war keinesfalls ein einsames Genie, sondern verfügte über beachtliche kommunikative Fähigkeiten. Er scharte geschickte Handwerker und vermögende Geldgeber um sich, die er mit seiner Begeisterung ansteckte. Ob seine Geschäftspartner sich mehr für den finanziellen Gewinn interessierten oder ob sie von der Technik fasziniert waren, können wir heute nicht mehr im Einzelnen nachvollziehen. Entscheidend ist, dass sie sich alle auf ein riskantes Unternehmen einließen. Und vielleicht hatten sie genauso wie Johannes Gutenberg als Unternehmer beides im Blick – Technik und Gewinn.

US-amerikanische Journalisten wählten Johannes Gutenberg 1998 zum wichtigsten Mann des zweiten Jahrtausends, zum *Man of the Millennium* und bis heute pilgern Touristen aus aller Welt ins Mainzer Gutenberg-Museum. Sie alle sind auf der Suche nach dieser einzigartigen Persönlichkeit der Weltgeschichte.

Doch das Genie hinter der welthistorisch so bedeutenden Erfindung bleibt im Dunkeln. Die überlieferten Fakten über das Leben von Johannes Gutenberg sind äußerst spärlich. Wir kennen weder sein Geburtsdatum, noch wissen wir, wie er wirklich ausgesehen hat. Keine Briefe oder persönlichen Aufzeichnungen sind erhalten. Schlimmer noch: Es sind auch nur wenige Lebensdaten bekannt und aus den Schriftstücken, in denen Gutenberg zweifelsfrei erwähnt wird, müssen wir mühsam herausfiltern, was sie uns wirklich über ihn erzählen. Denn diese Dokumente sind ja nur eine zufällige Auswahl von Quellen, die es geschafft haben, Kriege, Feuersbrünste, Wasserschäden und sonstige Aktenvernichter wie Schimmel und Nager zu überstehen. Seit Jahrhunderten grübeln die Biographen über diese lückenhafte Lebensgeschichte nach und zimmern sich je nach ihrem Temperament immer wieder neue Versionen eines Schicksals zurecht, das uns alle so brennend interessiert. Und tatsächlich: Es ist möglich, den Menschen Gutenberg auch 550 Jahre nach seinem Tod 1468 noch zu entdecken. Manchmal wirft er nur einen Schatten, manchmal erreicht uns nicht mehr als ein Luftzug, als sei eine Tür einen Spaltbreit geöffnet worden, dann wieder wird Gutenberg klar und deutlich sichtbar und wir können sogar einen Eindruck seiner Persönlichkeit gewinnen. Wer sich mit Neugier und der Bereitschaft, ab und zu einmal die Phantasie spielen zu lassen, auf Johannes Gutenberg einlässt, der wird ihm auch begegnen.

KINDHEIT IN ENGEN GASSEN

Zwei Dinge müssen Menschen heute nennen können, um sich auszuweisen: ihren Namen und ihr Geburtsjahr. Beides hat bei dem großen Mainzer Erfinder für viel Verwirrung gesorgt. Denn der Mann, den wir Johannes Gutenberg nennen, hörte als kleiner Junge noch gar nicht auf diesen Namen. Kinder, die Johannes getauft wurden, nannte man damals in Mainz liebevoll *Henchen*, *Hengin* oder *Henne*. Und sein Nachname war auch noch nicht der, den wir heute kennen. Sein Vater hieß *Friedrich* – die Mainzer machten daraus *Friele – Gensfleisch zur Laden*, und deshalb trug der berühmte Erfinder als Kind den Namen *Henchen Gensfleisch* oder auch *Henne Gensfleisch zur Laden*. Zwar lebte die Familie schon im Hof *Zum Gutenberg*, aber sie benannte sich erst viele Jahre später nach diesem Wohnhaus.

Als sei das nicht schon verwirrend genug, gibt es auch kein gesichertes Geburtsdatum von Johannes Gutenberg. Mit viel Mühe kann man den Zeitraum seiner Geburt auf die Jahre zwischen 1393 und 1404 datieren. Die Gutenberg-Forscher haben sich daher im Jahr 1900 dazu entschlossen, sein Geburtsjahr auf das Jahr 1400 festzulegen. Hintergrund dieser – aus heutiger Sicht selbstherrlichen – Entscheidung war natürlich der Wunsch, im Jahr 1900 den 500. Geburtstag des Erfinders begehen zu können. Aber auch wenn diese Festlegung wissenschaftlich nicht korrekt ist, haben inzwischen fast alle ihren Frieden mit dem Jahr 1400 gemacht.

Angesichts dieser Datierungsschwierigkeiten beim Geburtsjahr sollte man meinen, dass der eigentliche Tag der Geburt erst recht nicht ermittelt werden kann, doch tatsächlich ist das sogar leichter. Wenn Gutenbergs Eltern nämlich der Tradition gefolgt sind, Kinder nach den Heiligen des Kirchenkalenders zu benennen, dann könnte sein Geburtstag der 24. Juni sein, der sogenannte Johannistag, an dem Johannes der Täufer geboren sein soll. Alternativ wäre auch der 27. Dezember denkbar, der dem Apostel Johannes gewidmet ist.

10 | JOHANNES GUTENBERG

*Das prächtige Mainz wurde im Mittelalter auch als „Goldene Stadt"
bezeichnet, Holzschnitt aus der Schedel'schen Weltchronik, um 1493.*

Das Mittelalter ist für Menschen der Moderne jedoch so weit entfernt, dass wir uns zunächst einmal darum bemühen, diese fremde Welt zu betreten. Wie also sah es aus in Mainz um das Jahr 1400?

MAINZ – *DIE GOLDENE STADT*

Mainz wurde im Mittelalter auch als *Goldene Stadt* bezeichnet und zählte zu den ehrwürdigen Orten im deutschen Reich, das die Zeitgenossen *Heiliges Römisches Reich* nannten. Der Zusatz *Deutscher Nation* kam erst Ende des 15. Jahrhunderts auf. Über Mainz hatte Bischof Otto von Freising schon im zwölften Jahrhundert geschrieben: „Die [...] große und mächtige Stadt liegt am Rhein und ist auf der Seite, mit der sie ihn berührt, dicht bebaut und bevölkert [...] sie ist von feinen Gotteshäusern und weltlichen Bauwerken bedeckt und bietet sich nach dem Berge zu dem Weinbau und anderen Nutzungen an."

Günstig gelegen am Rhein, einem der wichtigsten Verkehrswege des Mittelalters, weil er den Norden und den Süden Europas verband, blickte Mainz außerdem auf eine lange Geschichte als politisches Zentrum zurück. Die Stadt war Schauplatz von glänzenden Reichs- und Hoftagen unter den Stauferkaisern gewesen und genoss als Residenz eines der vornehmsten Reichsfürsten großes Ansehen. Denn der Mainzer Erzbischof regierte nicht nur die größte deutsche Kirchenprovinz, ihm unterstand auch als weltlichem Herrscher das Kurfürstentum Mainz, ein Gebiet, das größer war als die Erzdiözese und zu der z. B. auch Gebiete um Erfurt und Eichsfeld gehörten. Außerdem war der Mainzer Erzbischof Vorsitzender des Kurfürstenkollegiums, jenes erlauchten Kreises, der den römisch-deutschen König wählte. Ebenso wichtig war es, dass der Erzbischof von Mainz das Amt des Erzkanzlers ausübte und in dieser Funktion sogar den König vertreten durfte. Mit dieser Ehre erklären sich manche das Rad im Stadtwappen von Mainz: Der Erzbischof sei einer der Lenker des Wagens der Kirche, des Reiches oder gar Gottes Reiches. Und nicht zuletzt: Der Erzbischof beherrschte die Stadt Mainz.

Die Bürger von Mainz wollten den Ruhm, den die Stadt als bischöfliche Residenz genoss, allerdings gerne gegen mehr Unabhängigkeit und Selbstverwaltung eintauschen. Doch wer waren diese Bürger eigentlich, die sich hinter der Formel „wir bürger arm und reich" verbargen, die für ihren Stadtherrn in den Krieg ziehen und Steuern zahlen mussten? Führend waren die *Patrizier*, die man in den damaligen Quellen „Die Alten" oder „Die (alten) Geschlechter" nannte. Sie bildeten eine vom Rest der Einwohner klar abgegrenzte Schicht, die aus wenigen einflussreichen und gut miteinander vernetzten Familien bestand. 1332 wurden 129 Patrizier-Familien in Mainz gezählt. Sie allein verfügten über drei wichtige Privilegien: Das Dienstrecht am bischöflichen Hof, das Gadenrecht, also das Monopol auf den Tuchhandel in den Verkaufsbuden (Gaden) am Dom, und der Zugang zur exklusiven Münzerhausgenossenschaft, die wir später noch kennenlernen. Auch Johannes Gutenbergs Familie zählte zu den Patriziern und war im Tuchhandel tätig.

Die Patrizier waren damals die alleinigen Mitglieder des Stadtrats und nur sie durften hochangesehene Ämter wie Richter oder Schultheiß einnehmen. Letzterer war praktisch der höchste Verwaltungsbeamte einer Stadt.

Zahlenmäßig bedeutender als die Patrizier war die Gruppe der sogenannten *Zünftler*. Zu dieser uneinheitlichen Schicht zählten sowohl vermögende Händler und Handwerker wie Goldschmiede, als auch Schuster, Korbmacher oder kleine Krämer. Die meisten Bewohner einer mittelalterlichen Stadt wie Mainz waren jedoch Menschen ohne Bürgerrecht: Knechte, Mägde, Tagelöhner und dann natürlich noch die Betreiber sogenannter unehrlicher Berufe wie Henker, Dirnen und Totengräber.

Im 13. Jahrhundert konnten die Mainzer die Herrschaft ihres Stadtherrn endlich abschütteln. Erzbischof Siegfried III. von Eppstein verlieh den Bürgern am 13. November 1244 ein umfassendes Freiheitsprivileg, das sogar vom Papst bestätigt wurde. Die Mitglieder des Mainzer Domkapitels – also das Leitungsgremium des Erzbistums – schworen, jeden künftigen Erzbischof zur Einhaltung der Privilegien zu verpflichten. Nur dem Namen nach behielt der Erzbischof die Oberhoheit über Mainz, in Wirklichkeit lenkte ein Rat von 24 Bürgern die Geschicke der Stadt. Der aus Patriziern bestehende Rat legte die Steuern fest, übte die Gerichtsbarkeit aus und entschied, gegen wen die Bürger Krieg führen mussten. Nie wieder – so glaubten die Mainzer – müssten sie zu den Waffen greifen, um die Interessen ihres Erzbischofs zu verteidigen.

*Die sieben Kurfürsten wählen Heinrich VII. zum König.
2. von links: Der Erzbischof von Mainz, über ihm das Wappen mit
dem „Mainzer Rad", Darstellung von 1341.*

14 | JOHANNES GUTENBERG

Das imposante Mainzer „Kaufhaus am Brand" wurde 1317 erstmals urkundlich erwähnt. Es existierte bis 1812.

Mainz blühte auf, nicht nur als Handelsstadt, sondern auch als religiöses Zentrum, das in seinen Mauern bis zu 26 Klöster beherbergte. Auch für die Reichspolitik blieb Mainz ein wichtiger Ort, denn hier wurden weiterhin Reichstage abgehalten und Verhandlungen geführt.

KRISE IM SPÄTMITTELALTER

Doch im Spätmittelalter geriet die Stadt in eine Krise. Das hatte verschiedene Gründe: Zum einen versuchten der Erzbischof und sein aus Adligen bestehendes Domkapitel immer wieder, die Privilegien der Bürgerschaft zu übergehen und auszuhebeln. Vor allem zog der Bischof die Gerichtsbarkeit wieder an sich. Fatal wirkte sich auch der Mainzer Bistumsstreit von 1328 aus. Zwei Erzbischöfe kämpften so lange um die Macht, bis Kaiser Ludwig der Bayer die Stadt Mainz schließlich mit der Reichsacht belegte und sie damit aus dem Reich praktisch ausstieß. Nur gegen horrende Zahlungen konnten sich die Bürger von der Reichsacht befreien und ruinierten damit die städtischen Finanzen für Jahrzehnte. Als die Pest schließlich einen großen Teil der Bürger dahinraffte, war die Stadt an einen Tiefpunkt gelangt. Zählte Mainz im 13. Jahrhundert mit 20 bis 25.000 Einwohnern noch zu den größten Städten in Europa, so lebten um das Jahr 1400 nur noch 5.000 bis 10.000 Einwohner in der Stadt.

Trotzdem hatte Mainz seinen alten Glanz nicht ganz verloren. Es gab den prächtigen Dom, viele schöne Kirchen, ein Hospital und das älteste Kaufhaus in Süddeutschland, das sogenannte *Kaufhaus am Brand.* Es wurde Anfang des 14. Jahrhunderts erbaut und gehörte mit seinen acht großen Reliefs von Darstellungen des Kaisers und der Kurfürsten zu den prächtigsten Profanbauten im mittelalterlichen Mainz. Genutzt wurde es, um Tuche und Stoffe zu lagern, aber auch Zutaten, die man zur Herstellung von Farben brauchte, also Waid, Krapp, Bleiweiß, Rotholz und vieles andere mehr. Mainz war nämlich bekannt für seine hervorragenden Werkstätten, in denen handgeschriebene Bücher illustriert wurden. Auch Gummi, Öl, Schwefel, Zinn, Kreide und Weinstein lagerten im Kaufhaus. In Mainz wurden also auch nach 1400 noch immer gute Geschäfte gemacht, es gab viele reiche

Familien, deren Handelsbeziehungen funktionierten, und die Familie von Johannes Gutenberg gehörte dazu. Als die Stadt Wetzlar ein paar Jahre zuvor in Mainz um einen Kredit bat, gehörte auch die Familie Gensfleisch zu den Geldgebern und zwar mit stolzen 7.716 Gulden.

„...GESCHMÜCKT MIT HERRLICHEN KIRCHEN."

Die Häuser in Mainz schufen mit ihren Giebelspitzen und Türmchen einen Anblick, den wir heute „typisch gotisch" nennen. Zwischen den Kirchen und den großen Höfen der Patrizier hatten sich Handwerker in schmalen Häuschen angesiedelt, kleine Leute wie Schwertfeger, Korbmacher und Kannengießer. Der Mainzer Erzbischof besaß eine schöne Pfalz nahe des Domes, dort wo heute der Platz *Höfchen* liegt, doch der Bischof wohnte lieber in der Burg von Eltville auf der anderen Rheinseite.

Der Humanist Enea Silvio Piccolomini, der spätere Papst Pius II., beschrieb die Stadt in seinem Traktat *Germania* von 1457 so: „Die alte Stadt Mainz [...] ist geschmückt mit herrlichen Kirchen und privaten und öffentlichen Gebäuden und hat nichts, was man tadeln könnte außer der Enge der Gassen." Was wir heute als malerisch und romantisch empfinden, galt den Menschen des späten Mittelalters eher als unpraktisch.

HENNE GENSFLEISCH

In diesen engen Gassen tummelte sich Anfang des 15. Jahrhunderts der junge Henne Gensfleisch, den wir ab jetzt trotzdem Johannes Gutenberg nennen wollen. Seine Patrizier-Familie wohnte standesgemäß in der Nähe des Domes und zwar im geräumigen Hof *Zum Gutenberg*.

Wie andere Patrizierhäuser war es ein großes, zweigeschossiges gotisches Haus mit spitzen Fenstern und Platz für mehrere Familien. Es hatte einen Innenhof mit Garten und wahrscheinlich auch einen eigenen Brunnen. Leider ist der Hof nicht erhalten, aber dort wo heute Schusterstraße und

Christophstraße zusammenstoßen, hängt zum Gedenken an den Geburtsort des berühmten Buchdruckers eine Bronzetafel. Im Erdgeschoss des Hofes *Zum Gutenberg* lagen die Räume für das Gewerbe. Gutenbergs Vater Friele Gensfleisch war höchstwahrscheinlich noch selbst im Tuchhandel tätig oder er hat diese Räume verpachtet. Im Obergeschoss befanden sich die Wohnungen. Auch einen großen und prächtig ausgestatteten Empfangssaal muss es gegeben haben, den die Familie für besondere Gelegenheiten benutzte.

Friele Gensfleisch, Gutenbergs Vater, wurde etwa 1350 geboren und heiratete in erster Ehe *Grete zur jungen Aben*, auch eine Patrizierin. Ihre gemeinsame Tochter *Patze*, Gutenbergs Stiefschwester, wurde später die Frau des Bürgermeisters *Peter zum Jungen*. 1386 heiratete Friele Gensfleisch zum zweiten Mal, woraus wir schließen können, dass seine erste Frau gestorben ist, denn Ehescheidungen waren damals nicht vorgesehen. *Else Wirich*, seine zweite Frau, war die Tochter des reichen Kaufmanns *Werner Wirich zum steinen Krame*, der mehrere Häuser in Mainz besaß. Else brachte nicht nur eine große Mitgift in die Ehe, sie war auch klug und tüchtig. Sie bekam drei Kinder, Johannes Gutenberg war das Jüngste von ihnen. Seine Schwester *Else* war mindestens sechs Jahre älter, denn sie heiratete schon 1414. Sein Bruder Friele war auch älter, um wie viele Jahre genau wissen wir jedoch nicht. Er heiratete später eine Patriziertochter und zog nach Eltville.

Die Familie von Johannes Gutenberg ist spätestens seit dem 13. Jahrhundert in Mainz ansässig. Ihr ältester bekannter Ahnherr war *Friele Rafit*. Sein gleichnamiger Sohn war der erste, der sich den Beinamen Gensfleisch gab, nachdem er in den gleichnamigen Hof in der Emmeranstraße gezogen war. Seine Nachfahren folgten diesem Beispiel, nannten sich alle Gensfleisch und hingen dann den jeweiligen Hofnamen an. Innerhalb von 150 Jahren verheirateten sich die Mitglieder der Familie Gensfleisch mit fast allen wichtigen Patrizierfamilien in Mainz, darunter die *zur Laden, zum Gelthus, zum Fürstenberg, zum Eselweck, zur Jungen Aben, zum Silberbeck* und *zum Vitzthum*. Rätselhaft ist das Wappen der Familie Gensfleisch, das bis heute noch niemand überzeugend entschlüsseln konnte. Es zeigt einen barfüßigen, meist gebeugt stehenden, bartlosen Mann mit Zipfelmütze und weitem Mantel, der entweder einen Buckel oder eine Tasche unter dem Umhang verbirgt. In der linken Hand hält er einen Stock und in der rechten eine Schale wie ein Bettler. Der Reichtum der Familie Gensfleisch sprudelte aus mehreren Quellen.

18 | JOHANNES GUTENBERG

Das Wappen der Familie Gensfleisch am Gutenberg-Denkmal in Frankfurt a. M., 1840. Die Bedeutung der Symbole wurde bis heute nicht eindeutig geklärt.

Gutenbergs Großvater betrieb zwei Tuchläden in Mainz, die er seinem Sohn vererbte. Weitere Einkünfte bezog Gutenbergs Vater aus seiner Mitgliedschaft in der bereits erwähnten Münzerhausgenossenschaft. Nur wer zu dieser exklusiven Gesellschaft gehörte, durfte in Mainz mit Edelmetallen handeln und Geldwechsel betreiben. Das Recht, Münzen zu prägen, lag beim Mainzer Erzbischof, die Münzerhausgenossen stellten das nötige Edelmetall bereit, wobei sie gut verdienten. Damit der Kreis der Privilegierten überschaubar blieb, musste jeder, der in die Münzerhausgenossenschaft aufgenommen werden wollte, vier Patrizier-Ahnen in Folge vorweisen.

Schließlich besaß Friele Gensfleisch – auch das war Tradition in reichen Familien – eine Anzahl von Renten, wie man die einfachsten Geldanlagen im Mittelalter nannte. Sie funktionierten so: Friele Gensfleisch zahlte einen größeren Geldbetrag an die Stadt Mainz. Die verpflichtete sich im Gegenzug, ihm lebenslang eine bestimmte Summe jährlich auszuzahlen, die eigentliche Rente. Lebte Friele lange, dann konnte er auf diese Weise Gewinn machen, starb er früh, so lag der Vorteil auf der Seite der Stadt. Das Rentensystem gab es in zahlreichen Varianten, man konnte jährliche oder halbjährliche Zahlungen vereinbaren, die Laufzeit auf eine bestimmte Zahl an Jahren beschränken, die Rente weiterverkaufen, vererben oder auch als Sicherheit für andere Darlehen einsetzen. Die Rente ermöglichte es den Christen im Mittelalter, Geld mit Gewinn anzulegen, denn Zinsvereinbarungen waren ihnen aus religiösen Gründen verboten: „Denn wer so ausleiht, dass er's besser oder mehr wiedernehmen will, das ist ein öffentlicher und verdammter Wucherer", schimpfte noch Martin Luther im 16. Jahrhundert. Die Vorstellung, dass Geld nicht genutzt wurde, um etwas zu kaufen, sondern dass es sich lediglich durch das Verstreichen der Zeit vermehren sollte, widerstrebte den meisten Menschen im Mittelalter. Zinsen waren nur dann erlaubt, wenn dem Geldgeber durch das Verleihen eines Betrages ein Vorteil entging, wenn er befürchten musste, sein Geld ganz zu verlieren oder wenn sich beide Parteien auf eine Strafgebühr einigten für den Fall, dass ein zinsloses Darlehen zu spät zurückbezahlt würde. Das Verbot von Zinsvereinbarungen zeigt jedoch vor allem eines: dass man solche Absprachen dennoch traf. Die Idee, dass Geld einen Mehrwert schafft, in dem man es zum Beispiel in ein Unternehmen investiert, hatte schließlich zu der Entstehung von Banken geführt. Friele Gensfleisch besaß eine ganze Reihe von Renten und da er für seine stattlichen Einkünfte nicht mehr arbeiten musste, konnte er öffentliche Ämter in Mainz übernehmen, denn diese Aufgaben wurden nicht vergütet. 1410 bis 1411 war er einer der vier Rechenmeister, also einer der Finanzchefs von Mainz.

STAND UND STOLZ

Auch wenn Johannes Gutenberg in einer einflussreichen, wohlhabenden Patrizier-Familie aufwuchs, war seine Herkunft mit einem Makel behaftet. Weil sein Vater die zweite Ehe mit einer nicht-patrizischen Kaufmannstochter eingegangen war, waren Johannes und sein älterer Bruder vom Eintritt in die vornehme Münzerhausgenossenschaft ausgeschlossen. Manche Historiker haben Gutenberg aufgrund dieser Tatsache einen Minderwertigkeitskomplex unterstellt, der sich in übertriebenem Stolz Luft gemacht hätte. Mit dieser Theorie hat man dann auch die Prozesse erklärt, die Johannes Gutenberg in seinem späteren Leben führte. Doch dieser Sichtweise folgt heute niemand mehr. Zum einen hätte das ja auch für seinen Bruder gelten müssen, der aber offenbar so angesehen war, dass er sogar zum Ratsmitglied und zeitweise zu einem von vier Bürgermeistern von Mainz gewählt wurde. Zum anderen zeigte sich Johannes Gutenberg zwar an vielen Stellen durchaus als stolzer Patrizier, jedoch nicht mehr, als es für damalige Verhältnisse normal und notwendig war. Ein ausgeprägtes Standesbewusstsein war für die Menschen des Mittelalters selbstverständlich und hatte nichts mit dem zu tun, was wir heute als Dünkel bezeichnen. Die mittelalterliche Gesellschaft war eine Welt von Symbolen und Zeichen. Man musste seinen Stand täglich von neuem deutlich machen, man musste zeigen, wer man war, um seinen Platz zu behaupten. Es war geradezu eine Pflicht, sich zu kleiden und zu benehmen, wie es dem eigenen Stand zukam. Ob man Patrizier, Handwerker oder Krämer war, Lohnarbeiter oder Bauer – man war es dem eigenen Stand schuldig, sich an Regeln zu halten und niemand hätte es einem gedankt, wenn man sich mit einem Stand unter dem eigenen *gemein gemacht* hätte. Wenn Johannes Gutenberg seine Privilegien zäh verteidigte, so entsprang das nicht einem Gefühl von Deklassierung durch die nicht-patrizische Mutter, sondern dem Bewusstsein, über althergebrachte Rechte zu verfügen.

Besonders geeignet für die Demonstration des eigenen Standes waren Feste, weil man dann gleich einer größeren Gruppe zeigen konnte, wohin man gehörte. Auch in Gutenbergs Familie war das so, davon kann und muss man ausgehen, ohne dass wir detaillierte Quellen darüber besitzen. Ab und zu lud Friele Gensfleisch andere Patrizier und wohlhabende Kaufleute, Verwandte und Freunde zu sich in den Hof *Zum Gutenberg* ein und ließ dafür den Festsaal herrichten. Wie wir von anderen Mainzer Höfen wissen, waren die Festsäle häufig kunstvoll bemalt. Damit der Wandschmuck gut zu erkennen war, mussten Friele Gensfleisch und seine Frau Else viele mit Tran, Talg oder Öl gefüllte Lampenschalen aufstellen lassen. Kerzen wurden erst Ende des 15. Jahrhunderts so preiswert, dass man sie auch außerhalb von Kirchen benutzte. Der Weg durch das Hoftor in den Innenhof und weiter über die breite Treppe zum Festsaal wird von Fackeln erhellt gewesen sein. Musiker sorgten für Unterhaltung und es wurde reichlich Essen aufgetischt – verschiedene Fleischgerichte, dazu Obst und gewürzter Wein, frisches Brot und süße Kuchen. Küchenmädchen stellten die Speisen auf große längliche Holztafeln, die von den Knechten in den Saal getragen und auf Holzböcken abgestellt wurden. Beim Essen saßen die Gäste auf Bänken, nur für einige wenige Ehrengäste gab es Stühle. Jeder Gast trug seine beste Kleidung, genauso wie die Gastgeber. Johannes trug Hosen aus Baumwolle und darüber eine Tunika, beides Standardkleidungsstücke für Jungen und Männer des Mittelalters, die sich jedoch durch ihre Farbe von denen der armen Leute unterschieden. Seine Mutter Else wird über einem langen Unterkleid ein kürzeres Überkleid getragen haben, vielleicht aus Wolle oder sogar Samt, es hatte lange Ärmel und wahrscheinlich gestickte Borten am Ausschnitt des Dekolletees. Ihre Haare waren von einem Schal oder einer Haube bedeckt, im Mittelalter verkehrte nämlich niemand in Gesellschaft, ohne eine Kopfbedeckung zu tragen.

Keine fünf Minuten zu Fuß sind es vom Hof *Zum Gutenberg* bis zur gotischen Hallenkirche von St. Christoph, die noch einen romanischen Turm besitzt. Hier wurde Johannes Gutenberg mit ziemlicher Sicherheit getauft. Die Kirche ist im Zweiten Weltkrieg stark beschädigt worden und wurde als Ruine und Mahnmal belassen, aber ihre einstige schöne Form lässt sich heute noch gut erkennen. Auch ein Taufstein aus dem späten Mittelalter ist noch erhalten. Vielleicht war es dieses oder ein ähnliches Becken, über das Else

Wirich ihren Jüngsten hielt, als er auf den Namen Johannes getauft wurde.

Ob Gutenberg religiös erzogen worden ist oder nicht, ist eine Frage, die man auch ohne Quellen beantworten kann: Alle Menschen des Mittelalters waren religiös. Wer christlich getauft war, konnte gar nicht anders als davon ausgehen, dass er sich in Gottes Hand befand. Gott gab das Leben und er nahm es wieder, das wusste jedes Kind. Aber Gott war nicht leicht zu verstehen und auf keinen Fall war er immer milde gestimmt. Denn der Tod war allgegenwärtig. Täglich starben Menschen, sie starben durch Krankheit und Unfälle, sie verbrannten in ihren Häusern oder wurden in Kriegen totgeschlagen. Es konnte jeden treffen, niemand fühlte sich sicher.

Vor allem starben die Kinder in dieser mittelalterlichen Welt. Säuglinge starben gleich nach der Geburt, sie wurden krank und waren innerhalb von Tagen tot, sie verhungerten oder fielen aus dem Fenster, sie wurden totgetreten oder kamen unter die Räder. Nur jedes zweite Kind erlebte damals seinen zehnten Geburtstag. Johannes Gutenberg wird mehr als zwei ältere Geschwister gehabt haben, und auch wenn es darüber keine Aufzeichnungen gibt, wissen wir: Auch er hat den Tod schon früh gesehen. Gegen die ständige Bedrohung des Lebens gab es nur ein Mittel, den Glauben. Die Menschen des Mittelalters beteten und rangen die Hände, sie riefen mehrmals am Tag einen Heiligen an, um Unheil abzuwenden, sie beichteten, fasteten, taten Buße. Jede Woche gingen sie in den Gottesdienst, auch Johannes Gutenberg. Weil er als Kind wenig von dem verstehen konnte, was der Pfarrer sagte, wird er sich in das Bild des Heiligen Christophorus vertieft haben, der Christus auf den Schultern über einen Fluss trägt. In einer Zeit, in der Bilder etwas Seltenes und Kostbares waren, hatten solche Gemälde eine große Kraft. Blicken wir auf Gutenbergs späteres Leben und seine Risikobereitschaft, so erkennen wir, dass in seiner Kindheit die Grundlage für ein tiefes, unerschütterliches Gottvertrauen gelegt wurde, das ihn sein ganzes Leben nie verlassen hat.

In der Nähe des Hofes *Zum Gutenberg* gab es noch eine weitere Kirche, die Gutenberg ebenfalls kannte: St. Quintin, 774 zum ersten Mal erwähnt, die älteste Pfarrkirche von Mainz. Die noch heute erhaltene spätgotische Hallenkirche wurde 1288 bis 1330 erbaut.

Außerhalb der Kirchen war die Welt alles andere als friedlich. Nicht nur, weil an jeder Ecke Gefahren lauerten, für Kinder wie für Erwachsene, oder

*St. Christoph in Mainz, erbaut zwischen 1240 und 1330,
war die Taufkirche Gutenbergs.
Über diesem spätgotischen Taufbecken aus St. Christoph
könnte Johannes Gutenberg getauft worden sein.*

weil es Kriege, Unwetter und Unfälle gab. In Mainz kam es Anfang des 15. Jahrhunderts, also genau in den Kindheitsjahren Gutenbergs, zu heftigen Auseinandersetzungen zwischen Patriziern und Zünftlern, die bedrohliche Ausmaße annahmen.

Auf einen Mainzer Patrizier kamen etwa 50 Zunftangehörige und schon daran kann man erkennen, dass die Steuerlast vor allem von den Handwerkern und kleinen Händlern getragen wurde, auch die für die Rentenzahlungen der Stadt. Dass die Patrizier, die ihre Renten bei der Stadt Mainz erwarben, selbst festlegten, welche Zahlungen sie dafür bekamen, gefiel den Zünftlern natürlich nicht. Vor allem deshalb, weil die Stadt dabei Verluste machte.

Die Zünftler wollten dieses System nicht mehr mittragen. Sie forderten eine höhere Besteuerung der Patrizier. Und sie verlangten, dass ihr eigener, wirtschaftlicher Beitrag für das Gemeinwesen endlich in politisches Mitspracherecht umgemünzt werden sollte. Seit 1332 hatten es lediglich einzelne Zünftler in den Rat der Stadt geschafft, und nur die Reichen unter ihnen konnten es sich leisten, ein unbezahltes Amt zu übernehmen. Diese wenigen Zünftler hatten aber praktisch dieselben Interessen wie die Patrizier.

30 MINUTEN SCHULWEG

Im Jahr 1411 heizte sich die Stimmung zwischen den beiden Parteien immer mehr auf. Das merkte auch der junge Johannes Gutenberg, der in dieser Zeit jeden Tag eine gute halbe Stunde Schulweg hin und zurück durch die Stadt zu absolvieren hatte. Vieles spricht nämlich dafür, dass er die Trivialschule des St. Viktorstiftes nahe Weisenau besuchte.

Weisenau, heute ein Stadtteil von Mainz, war damals ein Dorf im Süden der Stadt. Stiftskirche und Kloster wurden im 16. Jahrhundert zerstört, nur die Straße *Am Viktorstift* erinnert heute noch daran. Ein modernes Navigationsgerät errechnet für den Fußweg vom Hof *Zum Gutenberg* bis nach Weisenau 35 bis 40 Minuten. Das ist ein langer Weg für einen Jungen, dessen Radius sich zuvor auf Entfernungen von wenigen Minuten beschränkt hatte. Vielleicht wurde Johannes daher von einem Diener begleitet.

Das Stift war nicht nur für seine gute Schule bekannt, es sind dort verschiedene Mitglieder der Familie Gutenbergs in kirchlichen Ämtern und auch unter den weltlichen Verwaltern zu finden. Es könnte also gut sein, dass man Johannes hier auf eine geistliche Laufbahn vorbereiten wollte. Kurz vor seinem Tod wird Gutenberg in die Bruderschaft von St. Viktor eintreten, was ebenfalls für eine Verbundenheit mit dem Stift spricht.

Was wir aber ganz sicher wissen: Johannes Gutenberg hat eine sorgfältige Schulbildung genossen, denn ohne gute Kenntnisse in Latein hätte er gar kein Buchdrucker werden können. Da sein älterer Bruder Friele in den Tuchhandel eingestiegen ist und das Geschäft des Vaters übernehmen wollte, war für Johannes dieser Weg verschlossen. Für ihn blieb eine Laufbahn als Geistlicher, Arzt oder Jurist übrig. Gerade einen Juristen konnte man in einer Familie vermögender Patrizier mit vielfältigen Geldgeschäften gut gebrauchen. Seine Schwester Else hingegen wurde ohne große Bildungsanstrengungen verheiratet, anderes war für Mädchen bei den Patriziern nicht vorgesehen.

Für einen Patriziersohn gab es zwei Möglichkeiten der Schulbildung: Entweder bekam er einen Hauslehrer oder er besuchte eine Trivialschule, wie es auch viele Kinder des Adels taten. Keinesfalls hätte Friele Gensfleisch seinen Sprössling dorthin geschickt, wo er gemeinsam mit Handwerker- oder Krämerkindern hätte lernen müssen. Aber selbst wenn Gutenberg seine Schulzeit woanders als in St. Viktor verbracht haben sollte, wissen wir, was er in diesen Jahren gelernt hat: die Grundlagen dessen, was jemand braucht, der die Universität besuchen will. Die Trivialschule ist nach dem *Trivium* benannt, dem 3-Fächer-Kanon, der zusammen mit dem *Quadrivium*, dem 4-Fächer-Kanon die *Artes Liberales*, die sieben freien Künste bildete. Das Trivium bestand aus: 1. Grammatik, also lateinischer Sprachlehre und ihrer Anwendung auf die Werke der klassischen Schulautoren; 2. Rhetorik, nämlich Rede und Stil, ebenfalls am Beispiel lateinischer Autoren der Antike; und 3. Dialektik bzw. Logik, also das schlüssige Beweisen von Grundsätzen. Außerdem bekam Johannes Religionsunterricht, dabei musste er den römisch-katholischen Kirchenkalender auswendig lernen. Dafür brachte man ihm ein langes Merkgedicht bei, den *Cisiojanus*, der die Datierung der unbeweglichen Heiligen- und Feiertage in Reimform aufzählte. Im Mittelalter wurde ein Datum anders formuliert als heute, man sagte nicht „der 14.

November", sondern etwa „drei Tage nach Martini" oder „der erste Freitag nach Johannis".

Latein lernte Johannes Gutenberg wie alle anderen Schüler auch mit dem bekanntesten Standardwerk des Mittelalters, dem sogenannten *Donat*, benannt nach Aelius Donatus, dem Lehrer des Heiligen Hieronymus, der 380 n. Chr. gestorben war. Für die Anfänger hatte er die *Ars Minor* in Frage- und Antwortform geschrieben, was vielleicht für seine Beliebtheit verantwortlich war. Später bekamen die Grundschüler das Lehrbuch des Alexander de Villa Dei in die Hand, in dem Satzbau und Metrik erklärt wurde. So gerüstet konnten sie damit beginnen, die Reden des Cicero zu übersetzen.

Johannes Gutenberg war noch ein Kind, als die Grundfesten seiner Welt erschüttert wurden. Die Forderungen der Zünfte, Patrizier sollten auf ihre Privilegien verzichten, wurden immer lauter. Als die Patrizier wieder einen der ihren zum Bürgermeister wählten, Johannes Swalbach, drohten die Zünftler, ihm und allen seinen Freunden den Kopf abzuschlagen, wenn Swalbach nicht zurücktrete. Am 15. August 1411 kam es zu gewaltsamen Auseinandersetzungen auf den Straßen von Mainz. Daraufhin zogen 117 Patrizier mit ihren Familien vorübergehend aus der Stadt aus und drohten damit, ihre Finanzkraft von Mainz abzuziehen. Die meisten ließen sich auf der gegenüberliegenden Rheinseite in Eltville nieder oder sie fanden 25 Kilometer rheinaufwärts in Oppenheim eine vorübergehende Bleibe. Auch Gutenbergs Familie zog aus, sie hatte Glück, denn Mutter Else besaß in Eltville Verwandte und auch ein großes Haus in der Burghofstraße, direkt an der Ringmauer. Zufälligerweise gehörte das Haus daneben der Familie Swalbach. Da es auch in Eltville eine Lateinschule gab, konnte Johannes hier weiterhin zum Unterricht gehen, wahrscheinlich in die Schule, die zur Peterskirche gehörte, denn seine Verwandten richteten verschiedene Stiftungen für die Gemeinde von St. Peter ein. Dort muss Johannes den sonntäglichen Gottesdienst besucht haben, und dabei konnte er die hervorragenden Darstellungen des Jüngsten Gerichts auf den Wandgemälden am Ostturm betrachten. Diese dürften den Jungen nachhaltig beeindruckt haben.

Die Familie von Friele Gensfleisch konnte nach wenigen Monaten in die Stadt zurückkehren, doch schon 1413 wiederholte sich die Prozedur, nachdem es in Mainz zu Hungerkrawallen gekommen war. Bis 1417 zogen die Patrizier immer wieder aus der Stadt aus, und sie kamen erst dann zurück, wenn man sich auf eine versöhnliche Einigung, eine sogenannte *Rachtung* verständigt hatte. Die *Rachtung* von 1414 wurde auch von Friele Gensfleisch unterzeichnet.

Ob nun die ganze Familie zwischen Mainz und Eltville pendelte oder die Mutter mit den Kindern vorsichtshalber in Eltville blieb, wissen wir nicht. Die Lage in der Stadt war zeitweise so gefährlich, dass König Sigismund eingreifen musste. Johannes Gutenberg, der in diesen Jahren Knabe oder Heranwachsender war, lernte auf jeden Fall eine wichtige Lektion: Bevor man auf seine Privilegien als Patrizier verzichtet, wandert man aus. Das war nicht strittig, sondern eine Selbstverständlichkeit. Vom eigenen Stand hing der Platz in der Gemeinschaft ab, man musste ihn behaupten und durfte ihn nicht leichtfertig aufgeben.

Erfurt, mittelalterliche Studentenburse, ein Wohnhaus für Studenten und Lehrkräfte, die über wenig Geld verfügten.

JOHANNES AUS ALTA VILLA

Dass Johannes Gutenberg um das Jahr 1418 eine Universität besucht hat, ist zwar nirgends schwarz auf weiß nachgewiesen, aber niemand hegt heute daran noch Zweifel. Es ist nämlich bekannt, dass alle anderen Drucker der ersten Stunde studiert haben. Warum sollte Gutenberg in diesem Punkt eine Ausnahme sein und wie sonst sollte er seine umfassende Bildung erworben haben? Seine Kenntnisse in Latein und Theologie gingen deutlich über das Schulwissen hinaus.

Bleibt die Frage, *wo* Gutenbergs Studium stattgefunden haben könnte. Um das herauszubekommen, braucht man nicht viel Phantasie. Denn eigentlich kommt nur die Universität Erfurt in Frage. Sie war die einzige Hochschule, die damals zum Territorium von Kurmainz gehörte und ihr ging ein ausgezeichneter Ruf voraus. Abgesehen davon gab es um 1418 noch nicht viele Universitäten im Heiligen Römischen Reich. Gutenberg konnte nur in Prag, Wien, Heidelberg, Köln, Leipzig oder eben Erfurt studieren. Nichts lag näher, als sich an der Alma Mater des eigenen Landes einzuschreiben. Außerdem: Zwei seiner älteren Cousins haben nachweislich in Erfurt studiert.

Es gibt aber noch eine weitere Spur, die nach Erfurt führt. Als Gutenbergs Schulzeit sich ihrem Ende näherte, kam ein neuer Dechant an das St.-Viktor-Stift, der eng mit der Universität Erfurt verbunden war, Amplonius Rating de Berka, Kleriker und Arzt. Er war weithin berühmt, denn zu seinen Patienten gehörten der Erzbischof von Köln und König Sigismund. Weil Amplonius seinen Doktortitel in Erfurt erworben hatte, stiftete der vermögende Mann dieser Universität ein Haus, in dem Studenten aus Kurmainz wohnen und lernen konnten, eine sogenannte Studentenburse, und er schenkte seine stattliche Sammlung von 635 Büchern der dazugehörigen Bibliothek. Wo sonst hätte Gutenberg studieren sollen?

Die schlechte Nachricht lautet: In den Studentenverzeichnissen, den sogenannten Matrikelbüchern der Universität Erfurt, findet sich für die Jahre um 1418 leider kein Henne, Henchen oder Johannes Gensfleisch aus Mainz. Auch in keiner der anderen Universitäten taucht sein Name auf. Aber: Für das Jahr 1418 ist ein *Johannes de alta villa* eingetragen. Das könnte Johannes Gutenberg sein, der sich inzwischen nach seinem zweiten Heimatort Eltville benannt haben könnte. Vielleicht ist Gutenberg auch direkt von Eltville nach Erfurt gezogen und hat zwischenzeitlich gar nicht mehr in Mainz gewohnt? Das würde zwar bedeuten, dass er keine Empfehlung von den Lehrern aus St.-Viktor bekommen hat, aber Amplonius war so berühmt, dass man in Mainz und Eltville auch so wusste, wie großzügig er die Universität Erfurt bedacht hatte.

Wenn sich hinter *Johannes de alta villa* also wirklich Johannes Gutenberg verbarg, dann konnte er – falls sein Vater ihn nicht mit einem Wagen hatte bringen lassen – den Weg von Eltville oder Mainz nach Erfurt in zehn Tagesreisen bewältigen. Er zahlte 15 Groschen Einschreibungsgebühr und durfte studieren.

DIE HÖRNER ABSTOSSEN

Erfurt war nach Prag und Wien die dritte Universitätsstadt im Heiligen Römischen Reich – jedenfalls dann, wenn man ihrer Stiftungsurkunde von 1379 folgt. Fairerweise muss man nämlich sagen, dass Heidelberg und Köln zwar später als Erfurt gestiftet wurden, den akademischen Betrieb aber schon früher aufgenommen haben.

Offiziell hieß die Universität *Alma mater Erfordensis* oder *Hierana*. Der Beiname *Hierana* bezog sich auf den Fluss Gera, der die Stadt durchfließt und bedeutet wörtlich „die an der Gera liegende". Erfurt befand sich an der östlichen Grenze des alten Frankenreiches und besaß unter den Karolingern und Ottonen eine Königspfalz. Schon im 10. Jahrhundert geriet die Stadt unter die Herrschaft des Mainzer Erzbischofs. Von Beginn an war Erfurt ein wichtiger Handelsplatz und beherbergte seit dem 13. Jahrhundert einen der größten Waidmärkte, auf dem Indigo für das Blaufärben verkauft wurde.

JOHANNES AUS ALTA VILLA | 31

*Laurentius de Voltolina, Darstellung einer Vorlesung im 14. Jahrhundert.
Die Studenten hören zu, lesen, reden miteinander oder schlafen.*

In der Anfangszeit der *Hierana* hat man den Lehrbetrieb in einfachen Bürgerhäusern des sogenannten *Lateinischen Viertels* abgehalten. Dort gab es ein Backhaus und auch eine Bibliothek, die zur Universität gehörten. Die Michaeliskirche wurde zur Universitätskirche, aber das Hauptgebäude, das später berühmte *Collegium Maius* entstand erst kurz nach Gutenbergs Studienzeit. Jeder Student musste sich einer Burse anschließen, einer Studentengemeinschaft, in der man auch wohnte. Noch heute ist ein sehr schönes Bursenhaus direkt an der Gera zu sehen. Man kann als sicher annehmen, dass Johannes Gutenberg sich der Burse von Amplonius de Berka angeschlossen hat. Von dessen 635 gestifteten Büchern sind heute immerhin noch 430 in Erfurt erhalten. Darunter Werke über Medizin und Philosophie, Poesie, Theologie, aber auch Biographien von berühmten Persönlichkeiten. Als größte Autorität unter den Philosophen galt der Grieche Aristoteles, den man im Mittelalter oft nur *den Philosophen* nannte. Welche Bücher Johannes Gutenberg als Student gelesen hat, wissen wir nicht. Seine spätere Arbeit als Drucker lässt nicht darauf schließen, dass er sich selbst für einen Gelehrten hielt. Eher wirkte er wie jemand, der einen guten Blick für die Bücher hatte, mit denen man Gewinn machen konnte. Und diesen Blick könnte er sich an der Universität angewöhnt haben.

Wer konnte eigentlich studieren? Im Prinzip jeder Mann, der Latein gelernt hatte und über zwölf Jahre alt war. Leisten konnten sich ein Studium jedoch nur Wohlhabende, denn statt Geld zu verdienen, wie es für alle jungen Männer ab dem zwölften Lebensjahr üblich war, musste ein Student erst einmal viel Geld ausgeben: für das Studium, die Unterkunft, Essen und Kleidung.

Weil Studenten jung und übermütig waren, versuchte die Universität sie mittels Aufseher in Schach zu halten, was aber nicht immer gelang. Studenten waren in der Frühzeit der Universitätsgeschichte für hemmungslose Trinkgelage und Streiche berühmt. Mit ihren nächtlichen Streifzügen versetzten sie die braven Bürger in Angst und Schrecken. Ihre Bestrafung vollzog dann ein Universitätsgericht, das schlimmstenfalls den Ausschluss eines Studenten verfügte. Das war eine besonders harte Strafe, denn Studenten fühlten sich als Teil einer Elite und waren stolz auf ihren Status. Jeder von ihnen schwor zu Beginn des Studiums dem Dekan der Universität Gehorsam. Daran schloss sich das Ritual der *Deposition* (*Ablegen der Hörner*) an, das auch Johannes Gutenberg durchlaufen musste. Man gab ihm einen Kittel und setzte ihm eine Tiermaske aus Papier auf, die ihn wie ein Schwein oder Esel aussehen ließ. So musste er sich von den höheren Semestern verspotten und mit kaltem Wasser *taufen* lassen. War die Maske zerstört, kam der Akademiker darunter zum Vorschein. Nun erst durfte der Student sich als wahrer Mensch fühlen, denn alle anderen, die nicht studierten, waren im Vergleich zu ihm eben nur Tiere, das war der Hintergrund dieses derben Rituals. Die Deposition konnte auch mit Kappen stattfinden, an denen große Hörner befestigt waren, die den Erstsemestern in einem symbolischen Akt mit riesigen Werkzeugen abgenommen wurden. Dieser Brauch hat sich in der Redewendung vom *Hörner abstoßen* erhalten. Die Trinkgelage finden in einigen Studentenverbindungen ebenfalls heute noch statt. Die Deposition wurde bis in die Frühe Neuzeit an den Universitäten durchgeführt, später hat man symbolisch nur noch die Geräte zum Abnehmen der Hörner vorgezeigt und einen Depositions-Schein ausgestellt. Interessanterweise ist es das Handwerk der Buchdrucker gewesen, das die Tradition der Deposition für die Aufnahme der Lehrlinge übernommen hat.

Wie sah Gutenbergs Tagesablauf an der *Hierana* aus? Um fünf Uhr wurde er geweckt, hastete zum Gottesdienst und saß um sechs Uhr in der ersten Vorlesung. Dieser Begriff ist wörtlich zu verstehen: Die Professoren lasen vor, die Studenten hörten zu. Sie brauchten dafür Konzentration, weil sie sich das meiste merken mussten, denn Papier war zu teuer, um darauf ganze Vorlesungen mitzuschreiben. Erst um zehn Uhr gab es Frühstück. Danach ging das Studium weiter, bis das Abendessen um fünf Uhr auf den Tisch kam. Nach dem lateinischen Wort für Tisch, *mensa,* sind heute noch die Universitätskantinen benannt. Um acht Uhr abends wurde die Burse geschlossen, aber die Studenten wussten offenbar doch, wie sie sich heimlich davonstehlen konnten, um zu trinken und zu lärmen.

DIE WELT IN DER GLAUBENSKRISE

Ob Johannes Gutenberg ein fleißiger, leidenschaftlicher, nachdenklicher oder fauler Student gewesen ist, wissen wir nicht, aber ein interessierter Student war er mit Sicherheit, denn sein ganzer weiterer Lebensweg spricht dafür, dass er die Geschehnisse in der Welt aufmerksam verfolgt und sich seine eigene Meinung dazu gebildet hat. Die Erfindung, die er später machen wird, ist ja auch ein kühner Schritt, zu dem ein sicheres Urteilsvermögen gehört. Aber nicht nur deshalb können wir davon ausgehen, dass er sich schon als Student mit der ungeheuren Krise beschäftigt hat, welche die Menschen seiner Zeit zutiefst erschütterte. Ihre Auswirkungen sind nach modernen Maßstäben vergleichbar mit Terroranschlägen. Die Rede ist von der Kirchenspaltung.

Es war tatsächlich eine bedrohliche Situation, in der die Christen zu Beginn des 15. Jahrhunderts steckten, Historiker sprechen vom *Großen Abendländischen Schisma*. Im Jahr 1378 wurden gleich zwei Päpste gewählt, einer residierte in Rom, der andere in Avignon. Die verfeindeten Lager sorgten für einen Riss, der quer durch das europäische Abendland verlief und eine heftige Glaubenskrise auslöste: Wer war der richtige Papst? Woher sollte man wissen, zu wem man halten müsste? Und was würde mit den Menschen geschehen, die sich irrten und zur falschen Partei gehörten? Waren sie überhaupt noch in Gottes Hand oder drohte ihnen die Hölle? Im Jahr 1409 erklärte das Konzil von Pisa beide Päpste für abgesetzt und erhob einen neuen Papst. Da dieser nicht allgemein anerkannt wurde, gab es nun sogar drei Päpste, die Anspruch auf den Heiligen Stuhl erhoben.

Der 1411 gewählte römisch-deutsche König Sigismund wollte dieses Chaos beenden, denn er verstand sich als Hüter der Kirche. Außerdem wollte er Kaiser werden und dazu brauchte er den Papst, allerdings nur einen, der überall anerkannt wurde. Der König folgte dem römischen Grundsatz „was alle betrifft, soll auch von allen behandelt und gebilligt werden" und lud zum Konzil nach Konstanz ein. Von 1414 bis 1418 wird die Stadt zum Zentrum des Abendlands: 23 Kardinäle, 27 Erzbischöfe, 106 Bischöfe, 103 Äbte, 344 Doktoren und Magister der Universitäten, 28 Könige und weltliche Fürsten und 676 Ritter kamen nach Konstanz. Während die Geistlichen heiß diskutierten, nutzten die hohen weltlichen Herren das Konzil als Bühne. Sie demonstrierten Macht und Reichtum, knüpften Kontakte und Bündnisse und überboten sich bei der Bewirtung von Gästen. Die angereisten Bankiers rieben sich zufrieden die Hände. In Konstanz wurde geprotzt und geprasst. Der Dichter Oswald von Wolkenstein klagte über die hohen Preise eines Bordells: „Denk ich an den Bodensee, tut mir sogleich der Beutel weh."

Das Konzil von Konstanz war für das Mittelalter etwa das, was für uns heute die Vereinten Nationen in New York sind. 17 verschiedene Sprachen waren in den Straßen zu hören. Drei große Themenkomplexe hatte man sich vorgenommen: Einheit der Kirche, Reform der Kirche und Reinheit des Glaubens. Am 11. November 1417 löste das Konstanzer Konzil das erste Problem und wählte Martin V. zum neuen, von allen anerkannten Papst. Was die Reform der Kirche betraf, kam die Versammlung allerdings nicht sehr weit. Zwar forderte man regelmäßige Konzile für die Zukunft, aber bis heute hat es nur noch wenige solcher Konferenzen gegeben.

Und auch das dritte Ziel, die endgültige Klärung von Glaubensfragen, wurde nicht erreicht und dieser Umstand hatte nicht nur Folgen für die Kirche, sondern auch für die Universitäten und damit auch für Johannes Gutenberg.

Das Konzil von Konstanz versagte beim Umgang mit dem böhmischen Theologen Jan Hus völlig. Dieser kämpfte leidenschaftlich für die Reform einer verweltlichten Kirche und wollte nur die Bibel, nicht den Papst als Autorität in Glaubensfragen anerkennen. Das Konzil lud den unbequemen Reformator mehrfach vor, denn er wollte zunächst nicht kommen. „Also sandte unser Herr Sigismund, der römische König, dem Magister Johannes Hus einen gesiegelten Brief, in dem er ihm freies Geleit zusicherte und versprach, dass er in Sicherheit hierherkommen und auch wieder von dannen ziehen könnte", heißt es in einer Chronik.

Jan Hus entschied sich schließlich doch zur Reise nach Konstanz. Aber der König hielt sein Wort nicht. Hus wurde verhört, verhaftet und am 6. Juli 1415 auf dem Scheiterhaufen verbrannt. Ein Jahr später kam auf dieselbe Weise sein Mitstreiter Hieronymus von Prag ums Leben. Beide vertraten die Lehre des englischen Theologen John Wyclif, der die Theorie von der *Macht allein durch Gnade* verbreitete, der zufolge Gott selbst jede Autorität verleiht. Hus und Wyclif weigerten sich, den politischen Machtanspruch des Papstes

Auch in angeketteten Büchern konnte man bequem lesen.

anzuerkennen und forderten die völlige Unterordnung der Kirche unter den Staat. Außerdem verlangten sie von allen Geistlichen ein Leben in urchristlicher Bescheidenheit.

Diese Vorgänge berührten auch die Studenten in Erfurt. Johannes Gutenbergs erste Lehrer an der *Hierana* kamen aus Prag, auch Amplonius de Berka hatte zuvor dort studiert. Der Streit um die rechte theologische Lehre wurde an den Universitäten auf einer anderen, philosophischen Ebene weitergeführt, und hier erkennt man den Einfluss auf Johannes Gutenbergs Denken besonders deutlich. Professoren und Studenten diskutierten leidenschaftlich den sogenannten Universalienstreit. Dabei ging es um die Frage, ob allgemeine Begriffe, sogenannte Universalien, eine Existenz haben oder nicht. Ein Beispiel: Ein Mensch existiert, aber existiert auch *die Menschheit* oder ist das nur ein abstrakter Begriff? Die Realisten, die Vertreter der sogenannten *Via Antiqua*, wie sie an der Universität Köln gelehrt wurde, behaupteten, auch die Universalien hätten eine Existenz. Die Nominalisten, Vertreter der *Via Moderna*, wie sie an der Universität Erfurt gelehrt wurde, behaupteten, allgemeine Begriffe wie *Menschheit, Zahlen* oder *Lebewesen* existierten nur im Kopf der Menschen und seien somit Zeichen. Dieser Streit war keine vom Leben losgelöste sprachliche Spitzfindigkeit, sondern hatte durchaus Einfluss auf den Glauben. Denn die Nominalisten emanzipierten sich nach und nach von kirchlichen Autoritäten. Gutenberg-Biograph Rüdiger Mai vertritt die Ansicht, die Erziehung im Sinne der *Via Moderna* habe Gutenberg dazu befähigt, einige Jahre später zum Anfang der Dinge zu gelangen, in dem er die Sprache in ihre kleinsten Bausteine, die Buchstaben zerlegte und damit den Buchdruck erfand.

An dieser Stelle sollten wir kurz innehalten und überlegen, ob es richtig ist, Gutenbergs Leben mangels aussagekräftiger Quellen immer wieder von seiner besonderen Erfindung her zu skizzieren. Ja und nein, lautet die Antwort. Wir dürfen sein Leben natürlich nicht so interpretieren, als sei er von Kindheit und Jugend an zielstrebig auf den Buchdruck mit beweglichen Lettern zugesteuert, als habe alles, was er davor getan hatte, nur dem Zwecke gedient, eines Tages die Welt zu verändern. Was wir aber durchaus dürfen: Die Impulse aufspüren, die Einflüsse, die ihn geprägt haben. Klar ist, dass er eine gelehrte Bildung genossen hat. Daher lohnt sich ein Blick auf die Welt der Bücher zu Gutenbergs Jugendzeit.

BÜCHERHUNGER

Im 15. Jahrhundert brauchten die Menschen im Heiligen Römischen Reich – und nicht nur dort – immer mehr Bücher. Das hatte mehrere Gründe: Zum einen setzte in städtischen und höfischen Verwaltungen ein Prozess der Verschriftlichung ein, der nur mit entsprechend ausgebildeten Beamten zu bewältigen war. Auch in Handel und Handwerk erkannte man den Nutzen, der darin lag, Verträge, Bestellungen und Kredite schriftlich zu dokumentieren. Parallel dazu wuchs das technische und auch das medizinische Wissen der Menschen und mit ihm der Wunsch, es mit anderen zu teilen. Das alles führte dazu, dass die Universitäten immer mehr Ärzte, Juristen, Theologen und Philosophen produzierten, wofür sie nicht zuletzt auch Bücher brauchten.

Und noch etwas befeuerte den Bücherhunger des 15. Jahrhunderts: Die Bildungsbewegung des Renaissance-Humanismus, die sich seit dem 14. Jahrhundert ausbreitete, war dafür verantwortlich, dass sich immer mehr Menschen auf die Suche nach den Gedanken und Erkenntnissen der Antike begaben. Die Humanisten des 15. Jahrhunderts gingen geradezu auf Bücherjagd, und wenn sie in der verstaubten Ecke einer Klosterbibliothek den Text eines antiken Autors entdeckten, kopierten sie diesen oder schickten ihn an Freunde, die den Text ebenfalls lesen und für sich abschreiben wollten. Das aber dauerte seine Zeit. Wer die Briefe von Humanisten liest, stößt darin ständig auf Klagen, weil sie ihre verliehenen Bücher nicht schnell genug zurückbekamen. Kein Wunder: Es dauerte Monate, um ein Buch von Hand abzuschreiben.

Traditionell wurden Bücher in Klöstern vervielfältigt. Dort waren eigens dafür ausgebildete Schreiber Stunde für Stunde und Tag für Tag damit beschäftigt, Bücher abzuschreiben. In manchen dieser *Scriptorien*, wie man die Schreibstuben nannte, hatte man schon damit begonnen, sich zu professionalisieren: Ein einzelner Mönch diktierte laut, damit mehrere Schreiber gleichzeitig eine Niederschrift anfertigen konnten. Die Arbeitsteilung setzte sich fort: Kopisten schrieben den Text ab, *Illuminatoren* versahen ihn danach mit kunstvollen Initialen, Bildern oder Ranken und die *Rubrikatoren* malten die Kapitelanfänge oder Überschriften in roter Farbe.

Scriptorien gab es im 15. Jahrhundert auch in den Städten, denn das Verkaufen von Büchern war bereits ein einträgliches Geschäft. Manch ein Buchhändler verfügte sogar schon über einen Katalog, aus dem man ein Werk auswählen und bei ihm bestellen konnte. Problematisch wurde es jedoch immer dann, wenn die Schreiber gar nicht verstanden, worum es in dem Text ging, denn dann schlichen sich jede Menge Fehler ein.

An den Universitäten war der Bedarf nach Büchern natürlich besonders hoch. Professoren lasen den Studenten vor oder diktierten ihnen, was sie sich merken sollten. Wer etwas nachlesen wollte, musste in die Bibliothek seines Collegiums gehen – eine für alle zugängliche Universitätsbibliothek gab es erst später. Fand man dort das gesuchte Buch, konnte man daraus verschiedene Stellen abschreiben. Um die Bücher vor Diebstahl zu schützen, waren sie häufig an den Pulten angekettet.

Aus Italien stammte das praktische Pecia-System: Der Buchhändler nahm ein Buch vorsichtig auseinander – die Seiten waren ja nur mit Heftfäden zu kleinen Gruppen miteinander *gebunden* – und gab jedem Studenten, der das Buch lesen wollte, ein Päckchen von 20 Seiten. Diese durfte der Student dann innerhalb der Ausleihfrist einmal für sich selbst und einmal für den Buchhändler abschreiben. Das musste natürlich ordentlich und korrekt geschehen. Auf diese Weise entstand rasch ein neues Exemplar des Buches und die Studenten konnten nicht nur die begehrten Texte lesen und für sich abschreiben, sondern verdienten auch noch etwas dabei. Es ist gut möglich, dass Johannes Gutenberg selbst als Student Texte abgeschrieben hat, denn er besaß ein gutes Auge für Schriften.

Man kann daher sagen: Es lag schon ein bisschen in der Luft, einen Weg zu suchen, um Bücher schneller und kostengünstiger herzustellen. Doch eine Jahrtausend-Erfindung fällt nicht vom Himmel. Wie wir sehen werden, kam Gutenberg auch nicht über das Abschreiben auf die Idee, Bücher zu drucken, sondern über einen ganz anderen Weg.

Bevor Gutenberg aber seine bahnbrechende Drucktechnik erfand, gab es eine Vorform des gedruckten Buches, die gut, aber eben nicht genial war, und die sich deshalb auch nicht durchsetzte: *Blockbücher*.

Man schnitt dafür eine ganze Buchseite, – meistens bestand sie aus einem Bild mit einem erklärenden Text – seitenverkehrt in einen Holzblock hinein. Der fertige Holzblock wurde mit Farbe bestrichen und dann auf ein feuchtes Blatt Papier gedruckt. Diesen Vorgang nennt man *abreiben*. Eine solche Technik ist in Europa seit dem 12. Jahrhundert für den Stoffdruck in Italien bekannt. Aber in China, Korea und Japan wurden bereits im 8. Jahrhundert Texte mit Hilfe des Holzdrucks hergestellt. Ob diese Drucke in Europa bekannt waren, ist noch nicht geklärt.

Von den 33 erhaltenen Blockbüchern gehören die meisten zur religiösen Literatur. Das 15. Jahrhundert war eine Zeit wachsender Frömmigkeit, was nicht zuletzt auf die Kirchenspaltung zurückging. Da die kirchlichen Autoritäten versagten, mussten die Menschen nach eigenen Wegen suchen, um gottgefällig zu leben und sich einen guten Platz im Himmel zu sichern, zum Beispiel durch Pilgerfahrten. Aber auch die häusliche Andacht kam in Mode, was man an den vielen Andachtsblättern erkennen kann, die im 15. Jahrhundert verkauft wurden. Aus ihnen entwickelte sich die sogenannte Armenbibel, die *biblia pauperum*, die als Blockbuch vervielfältigt wurde. Eine Armenbibel bestand aus 20 bis 40 Seiten und enthielt vor allem viele Bilder, die jeweils mit wenigen Sätzen kommentiert wurden. Besonders beliebt waren Darstellungen von Totentänzen, Sünden und Tugenden. Da Blockbücher gedruckt wurden, um Kosten zu sparen, hat man auch für die Armenbibeln statt Pergament nur Papier verwendet. Dafür brauchte man lediglich Hanf, Leinen oder Stofflumpen. Papier war in China erfunden worden und kam über die Länder des Nahen Ostens im 11. Jahrhundert nach Europa. Hier entstand die erste Papiermühle 1150 in Spanien. Bald bildete sich in Italien eine Papierindustrie heraus, die ganz Europa versorgte. 1389 gab es eine Papiermühle in Nürnberg, 1393 in Regensburg. Europäisches Papier war haltbarer als asiatisches, weil die Siebe zum Schöpfen aus Draht und nicht aus Pflanzen hergestellt waren. Zu Zeiten von Johannes Gutenberg nutzte man Papier auch, um kleine Gegenstände darin einzuwickeln, Nadeln oder Nägel.

Pergament, das teuer war, weil man dafür Nutztiere töten musste, galt als haltbarer und edler, weshalb richtige Bibeln zur selben Zeit nur auf Pergament geschrieben wurden.

Johannes Gutenberg hatte also die meisten Voraussetzungen für seine spätere Erfindung bereits vorliegen: Er konnte Latein, er konnte schreiben und Bücher kopieren, er kannte Papier, Stoffdruck, Blockbücher. Und: Er wusste, wie lukrativ es sein müsste, Bücher auf schnellere und billigere Weise zu produzieren, als durch mühseliges Abschreiben.

*Blockbuch von 1455, hier eine Armenbibel:
Ganze Seiten wurden in ein Stück Holz geschnitten,
danach von Hand koloriert und handschriftlich ergänzt.*

Gutenberg studierte jetzt neben dem *Trivium*, den Fächern, die er schon aus der Schule kannte, die Fächer des *Quadrivium*, Astronomie, Mathematik, Arithmetik und Musik. Dazu kamen weiterhin Latein und Lateinische Grammatik, Griechische Philosophie und Naturwissenschaften. Außerdem könnte er an der Universität technische Bücher gelesen haben, wie die *Problemata Mechanica* von Aristoteles und andere Texte, die sich mit Ingenieurfragen befassen.

Erst nach dem *Bakkalaureus* hätte er ein Studium der Medizin, der Jurisprudenz oder der Theologie beginnen können, doch stattdessen hat Gutenberg die Universität verlassen.

Eine Frage muss an dieser Stelle erlaubt sein: Und wenn das alles nicht stimmt und Gutenberg gar nicht in Erfurt gewesen ist? Wenn sich hinter Johannes aus *Alta Villa* ein völlig anderer verbarg? Dann muss Gutenberg dennoch das Wissen eines Bakkalaureus erworben haben, wo auch immer.

Sein Hunger auf Gelehrsamkeit hielt sich in Grenzen, aber sicher ist: Dies ist die Zeit gewesen, die in ihm die Liebe zu den Büchern weckte und vielleicht auch die Idee, dass man Bücher kostengünstiger herstellen müsste. Es hätte zu Gutenberg gepasst, wenn er sich schon als Student darüber Gedanken gemacht hätte, wie man auf diesem Markt als Unternehmer einsteigen und Geld verdienen könnte. Aber er musste erst noch ein paar Umwege nehmen, bevor er das Ziel erkennen und darauf zusteuern konnte.

PATRIZIERSOHN AUF WANDERSCHAFT

Als frischgebackener Bakkalaureus machte sich Johannes Gutenberg etwa im Jahr 1420 auf den Weg zurück in die Heimat. In Mainz standen die Dinge allerdings nicht zum Besten. Die Stadt war hoch verschuldet und eine Lösung war nicht in Sicht. Stattdessen diskutierten Patrizier und Zünftler darüber, wer für die Misere verantwortlich war. Für die Mainzer Kaufleute stellte diese Situation eine echte Gefahr dar, denn sie hafteten für die Schulden ihrer Stadt und konnten dafür außerhalb von Mainz sogar ins Gefängnis geworfen werden. Manche von ihnen führten ihre Geschäfte deshalb lieber von Oppenheim oder Frankfurt aus, was die Probleme für Mainz natürlich nur verschärfte. Vermögende Familien wie die von Friele Gensfleisch hatten schon längst damit begonnen, ihr finanzielles Risiko zu verteilen, in dem sie auch in Straßburg und Frankfurt Renten kauften.

Wenn Johannes Gutenberg 1420 vom Studium zurückkehrte, konnte er seinem Vater nicht mehr begegnen, denn Friele Gensfleisch war 1419 gestorben. Welche Gefühle sein Sohn hegte, wissen wir nicht, aber es gibt keinen Grund anzunehmen, er habe nicht getrauert. Der Tod von Friele Gensfleisch ist für die Gutenberg-Forschung ein wichtiger Zeitpunkt, denn er ist Anlass für die allererste schriftliche Erwähnung von Johannes Gutenberg, die uns erhalten ist. Das Dokument berichtet von einem Rechtsstreit um das Erbe des Vaters. Auf der einen Seite kämpften Gutenbergs Bruder Friele, er selbst (genannt Henchen) und seine Schwester Else, die von ihrem Mann Clas Vitzthumb vertreten wurde. Auf der Gegenseite stand Patze Blashoff, Friele Gensfleischs Tochter aus erster Ehe, Gutenbergs Halbschwester, die bereits verwitwet war.

„Anno 1420 ist ein Instrument auffgerichtet worden wegen ettlicher Gespänn [Spannungen] und Irrthumb [Irrtümer] antreffend Friele zur Laden,

Tal von Kalchreuth in Franken, Aquarell von Albrecht Dürer, um 1494

Henchen seinen Bruder, und Clas Vitzthumb ihren Schwager an einem, sodann Patze, Peter Blashoffs Witwe, an dem andern theil."

Diese paar Zeilen machen eigentlich nur eines klar: Johannes Gutenberg war zu diesem Zeitpunkt volljährig, denn sonst hätte er durch eine andere Person vertreten werden müssen. Das Original der Akte ist verloren, wir kennen nur diese Abschrift und auch nur diesen Ausschnitt, daher wissen wir nicht, um wie viel Geld es bei dem Streit ging und auch nicht, wer sich am Ende durchgesetzt hat. Dass Johannes Gutenberg uns hier und in einigen anderen Dokumenten im Zusammenhang mit Gerichtsprozessen begegnet, ist übrigens kein Hinweis auf sein besonders streitbares Temperament. Es lässt sich vielmehr zum einen damit erklären, dass man in einer Gesellschaft, die noch nicht das Wort *Rechtssicherheit* kannte, die eigenen Ansprüche immer wieder verteidigen musste. Zum anderen sind es eben oft nur solche Dokumente, die sich aus dem Spätmittelalter erhalten haben. Nur sehr wenige Menschen haben im Mittelalter überhaupt persönliche Aufzeichnungen über ihr Leben, über ihre Reisen oder andere einschneidende Erfahrungen notiert.

Nun war für Johannes Gutenberg die Zeit gekommen, sich auf eigene Füße zu stellen. Der älteste Bruder Friele Gensfleisch hatte den Platz des Vaters eingenommen. Johannes Gutenberg hatte zwar Anspruch auf einen Teil des väterlichen Erbes, aber er konnte nicht darauf bauen, komplett von der Familie abgesichert zu werden. Sein Grundstudium war abgeschlossen und er konnte jetzt Medizin, Theologie oder Jura studieren. Denkbar war auch, dass er sich am kurfürstlichen Hof von Mainz um ein Amt bewarb. Offenbar hat er aber weder ein weiteres Studium noch ein Amt angestrebt, denn sein Lebensweg führte in eine ganz andere Richtung.

Als erstes wird er sich Klarheit über seine finanziellen Verhältnisse verschafft haben, und die waren gar nicht mal so schlecht. Gutenberg bezog Zahlungen aus mindestens drei Renten, er war also nicht darauf angewiesen, sofort Geld zu verdienen, sondern konnte in Ruhe überlegen, was er mit seinem Leben anfangen wollte.

GELD IN DER TASCHE UND FLAUSEN IM KOPF?

Wie können wir uns Gutenbergs Leben als junger Patrizier von zwanzig Jahren in Mainz vorstellen? Mit Geld in der Tasche und Flausen im Kopf? Hat er ernsthaft über Verdienstmöglichkeiten nachgedacht? Vielleicht hat er sich – weil er ein neugieriger und aktiver Mann gewesen ist – in Mainz umgeschaut, seine Verwandten und Bekannten besucht und mit ihnen überlegt, welche Zukunft er für sich sieht. Seine Mutter könnte eine gute Ratgeberin gewesen sein, weil sie sich mit finanziellen Dingen auskannte, ebenso sein älterer Bruder Friele. Vielleicht hat der Bruder ihm angeboten, ins Geschäft mit einzusteigen, aber davon wollte Johannes offenbar nichts wissen, weil er auch in dieser Richtung nie etwas unternommen hat.

Wahrscheinlich lernte er in diesen Jahren Nikolaus Cusanus kennen, Doktor des Kirchenrechts, 1401 geboren und damit etwa so alt wie Gutenberg. Cusanus kam 1424 für ein paar Monate nach Mainz. Als Bürger der Oberschicht wusste Gutenberg, wer zu Besuch in der Stadt weilte. Er interessierte sich für einen solchen Gast und wollte zu denen gehören, die ihn kennenlernten.

Möglich ist auch, dass Gutenberg sich bei befreundeten Patriziern umgeschaut hat, um zu sehen, wie man sein Geld erfolgreich vermehren konnte. Einer der Nachbarn seiner Familie war Cleese Reis. Er gehörte zur Münzerhausgenossenschaft, in die Gutenberg und sein Bruder wegen der Herkunft der Mutter nicht eintreten konnten. Cleese Reis war der Münzmeister von Mainz, und es spricht einiges dafür, dass Johannes Gutenberg sich von ihm hat zeigen lassen, wie die Technik des Prägens von Münzen vor sich ging.

Denn Gutenberg hat später Gegenstände aus Metall in einer Presse hergestellt und irgendwo muss er sein Wissen dafür ja erworben haben. Manche Gutenberg-Forscher glauben, er habe in diesen Jahren das Handwerk eines Goldschmieds erlernt, aber das ist unwahrscheinlich, da er als Patrizier nicht in eine Lehre gegangen sein wird. Unbestritten aber eignete er sich Kenntnisse an, die mit Metallverarbeitung, Pressen und Prägen zusammenhingen und daher dürfte er jede Gelegenheit genutzt haben, sich die Geräte, die man dafür brauchte, anzuschauen und erklären zu lassen.

Ein junger Mann von zwanzig Jahren wird sich in der Stadt Mainz aber nicht nur *fortgebildet*, sondern auch auf die Suche nach Unterhaltung begeben haben. Johannes Gutenberg liebte den Wein, wie wir an seinen späteren Rechnungen sehen, und deshalb konnte man ihn sicher auch in der Weinstube am Tiergarten antreffen. Hier waren nur Patrizier zugelassen, Zünftler hatten eigene Weinstuben. Wir können uns Gutenberg als fröhlichen Zecher in einer Kneipe vorstellen, wo er sich mit seinen Freunden amüsiert hat.

„GEBETBUCH DES TEUFELS"

Vielleicht holte einer der jungen Patrizier dann auch ein Kartenspiel aus der Tasche, denn dieser Zeitvertreib war gerade bei jungen Herren sehr beliebt. Spielkarten sind für Gutenbergs Lebensgeschichte deshalb interessant, weil sie für eine technische Entwicklung stehen, die wichtig für seine eigene Erfindung war und seine Phantasie angeregt haben dürften.

Ursprünglich stammen Spielkarten aus Asien und gelangten von China über Indien und Persien nach Europa. Nachweislich belegt wurde das Kartenspielen in Europa bezeichnenderweise durch ein Verbot: Die Stadt Bern verdammte 1367 das *Gebetbuch des Teufels* wie man es nannte. Zunächst wurden die Karten mit der Hand gemalt, und weil das sehr aufwendig war, konnten sich nur Adlige diesen hübschen Spaß leisten. Eines der ältesten erhaltenen Spiele, das *Stuttgarter Kartenspiel* war auf 19 x 12 Zentimeter große Blätter mit Goldgrund gemalt und stammt etwa aus dem Jahr 1430.

Eines der ältesten erhaltenen Kartenspiele ist das sogenannte „Stuttgarter Kartenspiel", handgemalt um 1430.

Diese Karten sind bereits in vier *Familien* oder *Farben* unterteilt, nämlich in Ente, Falke, Hund und Hirsch. Später kam man auf die Idee, Spielkarten als Serie zu produzieren, das war der Beginn des Holzschnitts und des schon erwähnten Blockdrucks in Europa. Die Karten wurden dabei nicht einzeln, sondern als ganze Farbenfamilie auf einen Bogen zum Auseinanderschneiden gedruckt. Gutenberg könnte den sogenannten *Meister der Spielkarten* kennengelernt haben, der in Mainz oder zumindest in der Gegend ansässig gewesen sein könnte, dessen Name uns heute aber nicht bekannt ist. Ihm verdanken wir das älteste bekannteste Kartenspiel, das mit Kupferstichen hergestellt wurde.

Kupfer war viel härter und daher konnten die Platten öfter gedruckt werden als ein Holzblock. Außerdem ließen sich im Kupferstich viel feinere, filigranere Formen drucken. Das älteste gedruckte und nachträglich kolorierte Kartenspiel, das wir kennen, ist das so genannte *Hofämterspiel*, entstanden um 1450. Abbildungen davon sind im Internet auf der Seite des Kunsthistorischen Museums in Wien zu sehen. Wenn Johannes Gutenberg in den Weinstuben von Mainz gerne Karten gespielt hat, dann hatte er damit ein echtes Serienprodukt quasi vor der Nase.

Wann genau man damit begonnen hat, Spielkarten als Holzschnitte oder Kupferstiche zu drucken, wissen wir nicht. Durch die starke Abnutzung beim Spiel sind die Karten selten erhalten. Aber manchmal findet man heute

Fehldrucke von Kartenbögen, die einst für die Versteifung von Buchrücken oder Bucheinbänden benutzt wurden.

Langweilig wurde es Gutenberg in seiner Heimatstadt Mainz sicher nicht. Der mittelalterliche Kalender führte zahlreiche Feiertage auf, und fast jeden Monat gab es eine feierliche Prozession durch die Stadt. Angeführt wurden diese von den Klerikern, direkt dahinter folgten die Patrizier, die gerne daran teilnahmen, denn es war wichtig, als Mitglied seiner Gesellschaftsschicht von den anderen Bewohnern der städtischen Gemeinschaft gesehen zu werden. Hinter den Patriziern folgten die Zünftler.

Es gab auch Festumzüge, die weniger der religiösen Erbauung als der Unterhaltung dienten. Dort traten Schauspieler auf und stellten lebende Bilder nach Motiven aus der Bibel. Auch Totentänze und Bußübungen wurden öffentlich vorgeführt. Die Menschen des Mittelalters fühlten eine schaurige Lust an makabren, gruseligen Darstellungen, an tanzenden Menschen, die sich als Leichen oder Tod verkleidet hatten und dabei sangen oder musizierten. Die von den Römern überlieferte Weisheit „Bedenke, dass Du sterblich bist", der Überlieferung nach dem Imperator von einem Sklaven ins Ohr geflüstert, fand im Mittelalter weitaus drastischeren Ausdruck. Der Tod war allgegenwärtig und die Menschen zeigten ihre Angst genauso unmittelbar wie ihre Lust, Liebe, Trauer.

Die Schamgrenzen waren anders als in späteren Jahrhunderten, es war eine derbe Gesellschaft, die genüsslich schnaubte, heulte und bettelte. Alles, was mit dem Körper, seinen Vorlieben, Gebrechen oder Ausscheidungen zu tun hatte, wurde im Mittelalter als natürlich empfunden und deshalb unbekümmert ausgesprochen und gerne auch belacht.

Johannes Gutenberg war Teil dieser Welt und dieser Mentalität. Deshalb wird er auch einen weiteren Anziehungspunkt für junge Patrizier aufgesucht haben, die Badestube am Mühltor. Mittelalterliche Häuser verfügten nicht über Bäder, daher ging man zur Reinigung in ein Badehaus. Die sogenannten Bademädchen, die dort arbeiteten, boten allerdings auch andere Dienste an. Albrecht Dürer hat sie gezeichnet, die Badestuben und die Mädchen, die nur mit einer Haube bekleidet waren. Auch wenn manches Detail auf seinen Bildern vielleicht der künstlerischen Phantasie zuzuschreiben ist, geben sie einen guten Eindruck vom lockeren Umgang des mittelalterlichen Menschen mit Nacktheit und Sexualität.

Abbildungen von Badestuben aus dem Mittelalter oder wie hier, aus dem 16. Jahrhundert zeigen: Prüde waren die Menschen damals nicht.

Stellen wir uns also vor, wie Johannes Gutenberg seine Vaterstadt durchstreift, sich seines Lebens freut, Ideen wälzt und Pläne schmiedet. Vielleicht hat er sogar schon konkrete Pläne ins Auge gefasst.

Aber was immer es war, Gutenberg musste sein Vorhaben aufgeben, denn in Mainz konnte er nicht bleiben. 1428 stand die Stadt schon wieder vor dem Bankrott, und der Ruf von Kaufmann Eberhard Windecke, die Patrizier endlich höher zu besteuern, wurde von immer mehr Bürgern gutgeheißen. Es kam zu einer Gegenregierung, in der zum ersten Mal die Zünfte die Mehrheit stellten.

Wieder zogen die Patrizier aus der Stadt aus, darunter auch Johannes Gutenberg und sein Bruder Friele Gensfleisch. Friele gehörte zu der kompromissbereiten Gruppe von Patriziern, die sich mit den Zünftlern versöhnen wollte und zu dem Zweck bald zurück in die Stadt kehrte. Er besaß das vom Vater geerbte Geschäft und wurde in den nächsten Jahren Bürgermeister und Ratsmitglied in Mainz, hatte sich also fest an die Stadt gebunden. Johannes Gutenberg hingegen gehörte zu den Radikalen, die *ausgefahren* blieben. Am 28. März 1430 kam es zu einer neuen Rachtung: Darin wurden den Patriziern nur noch 12 von 36 Sitzen im Rat von Mainz zugesichert. Durch die Vermittlung der Städte Frankfurt, Worms, Speyer, Offenburg und des Erzbischofs von Mainz fand man auch eine Regelung für die Ausgefahrenen: Sie durften zurückkehren, ohne Nachteile oder Verfolgung befürchten zu müssen, wenn sie sich der Einigung anschlossen. Im Dokument heißt es ausdrücklich, auch „Henchin zu Gudenberg" gehöre zu den Ausgefahrenen, sei also „yezunt nit inlendig". Er könne zurückkehren, wenn er die Rachtung unterschreibe. Aber genau das tat Johannes Gutenberg nicht. Er hatte Mainz 1428 verlassen und kehrte viele Jahre nicht zurück.

Die Stadt Mainz saß auf einem Schuldenberg von 200.000 Gulden, was den Rat zu verzweifelten Maßnahmen greifen ließ. So beschloss man 1430, zwei Messen zu veranstalten, die jeweils zwei Wochen vor der Frankfurter Messe beginnen sollten. Doch König Sigismund verbot diese Konkurrenzveranstaltungen sogleich auf Betreiben der Stadt Frankfurt.

1410 hatte die Stadt bereits die Hälfte ihrer Einnahmen für die Zinsverpflichtungen von Rentenzahlungen einsetzen müssen, 1436 waren es schon drei Viertel. Der Stadtrat beschloss, die Zinszahlungen für Renten um ein Drittel zu kürzen, um sie überhaupt noch zahlen zu können.

Dies betraf auch eine Rente von Johannes Gutenberg, wie ein Dokument beweist. Darin wird die Zahlung einer Rente auf den Betrag von 13 Gulden geändert: Die eine Hälfte der Rente, also 6 ½ Gulden, wurden in Raten zu 6 Schillingen 14-tägig ausgezahlt, die andere Hälfte sollte erst nach Gutenbergs Tod fällig werden. Mit dieser Regelung wollte die Stadt Mainz Geld sparen, denn indem man Zahlungen auf Leibrenten möglichst in die Länge zog, verringerte man die Belastung. Für eine so wichtige Änderung eines Vertrages brauchte es natürlich die Zustimmung der Gläubiger. Sollten diese jedoch nicht einwilligen, bekamen sie vorerst gar kein Geld aus ihrer Rente. Und Patrizier wie Johannes Gutenberg, die sich der Rachtung von 1430 nicht angeschlossen hatten, bekamen ohnehin erst mal gar keine Zahlungen aus ihren Mainzer Renten.

Es ist noch eine andere Urkunde zu Gutenbergs Finanzen aus dem Jahr 1427/28 bekannt, die auch nur als Abschrift erhalten ist. Sie bezieht sich auf eine Leibrente von 20 Gulden, die auf die Brüder Friele und Hengin (Johannes), Söhne des seligen Friele zu „Gudenberg" verschrieben war. Wir sehen daraus, dass Johannes mit Leibrenten gut versorgt war.

Die Mainzer unternahmen nun auch einen Vorstoß, um die Geistlichen in der Stadt zu besteuern und damit an den finanziellen Verpflichtungen der Gemeinde zu beteiligen, aber damit scheiterten sie. Im Gegenteil mussten sie in der *Pfaffenrachtung* von 1435 den Sonderstatus der Geistlichen zubilligen, die z. B. Wein ausschenkten ohne Steuern dafür zu bezahlen.

Einer der besonders hässlichen Auswüchse dieser Not war der Entschluss des zünftisch geprägten Rates, die Juden 1438 aus Mainz zu vertreiben. Offenbar glaubte man, damit Konkurrenten und Hemmnisse eines wirtschaftlichen Aufstiegs der Stadt loszuwerden.

INSPIRATIONEN

Johannes Gutenberg verließ Mainz also 1428. Das ist unstritten, weil er in jenem Jahr noch an einer Beratung von Patriziern in Offenbach teilgenommen hatte, aber schon 1429, bei der nächsten Beratung, die im Mainzer Franziskanerkloster stattfand, nicht mehr auftauchte. Erst 1434 gibt es wieder Informationen darüber, wo er lebt, nämlich in Straßburg. Wo war Johannes Gutenberg in der Zwischenzeit? Gibt es eine Möglichkeit, seine Spur aufzunehmen, obwohl keine Quellen bekannt sind? Auch diesmal führt der Weg zu einer Antwort, indem wir uns mit dem Rücken zum Ziel stellen. Denn da wir wissen, womit Gutenberg sich in Straßburg beschäftigte, lässt sich erahnen, was ihn davor beschäftigt haben könnte.

In Straßburg, wo Gutenberg von 1434 bis 1444 lebte, unterrichtete Johannes Gutenberg verschiedene Künste, bzw. handwerkliche Techniken, die nicht näher benannt sind, außer einer: das Edelsteinpolieren, das *stein bollieren*, wie es später heißen wird. Wahrscheinlich gehörte auch das Prägen oder Pressen von Metall dazu. Das heißt, Gutenberg muss diese Fertigkeiten zuvor selbst erworben haben. Vielleicht in Mainz, vielleicht aber auch woanders. Gutenberg zog jedenfalls nicht von Mainz fort, um weiter zu studieren oder gelehrte Kenntnisse zu erwerben, sondern, um technische Fertigkeiten zu erlangen oder einen Ort zu suchen, an dem er sich unternehmerisch betätigen konnte. Denn in Straßburg wurde Gutenberg zu einem Unternehmer, zu einem Mann, der sich Produkte ausdachte und Wege suchte, sie herzustellen. Er engagierte gute Handwerker, um seine Ideen umzusetzen und überzeugte Geldgeber davon, dass sie in seine Unternehmungen investieren sollten. Zwar wissen wir nicht, wann und wo er diese Ideen entwickelte und wie genau er darauf gekommen ist, aber wir können uns zumindest vorstellen, dass er Orte aufgesucht haben muss, die ihn inspirierten, Städte, in denen er seinen Horizont auf eine Weise erweitern konnte, um danach als Unternehmer mit klaren Zielen und einer Produktidee in Straßburg zu landen.

NÜRNBERG ODER BASEL?

Stellen wir uns vor, Johannes Gutenberg sei von Mainz aus zunächst nach Nürnberg gereist. Die Stadt bot die perfekte Vorlage für das, was Gutenberg in Straßburg später aufbaute. Denn Nürnberg war bekannt für gutes Handwerk, speziell im metallverarbeitenden Gewerbe.

Nürnberg gehörte mit 28.000 Einwohnern zu den größten Städten des Heiligen Römischen Reiches im Spätmittelalter, was nicht zuletzt auf das blühende Handwerk zurückging. Es war eine beeindruckende Stadt, umgeben von einer doppelten Mauer und von insgesamt 130 Türmen bewacht. Um das Jahr 1430, also in der Zeit, in der wir Gutenberg hier vermuten können, war man gerade damit beschäftigt, einen 12 Meter tiefen und 20 Meter breiten Graben um die Stadt zu ziehen, um sie vor Feinden zu schützen.

In der Reichsstadt wurden seit 1424 die Reichskleinodien aufbewahrt, also Krone, Reichsschwert, Zepter, Reichsapfel und Heilige Lanze. Sigismund, seit 1419 Kaiser, hatte den Kronschatz in das Heilig-Geist-Spital zur Aufbewahrung gegeben. Nur für Krönungen und für die jährlichen *Heiligtumsweisungen* am vierzehnten Tag nach Karfreitag verließ der Schatz seinen sicheren Platz. Dann wurde er zusammen mit den Reliquien dem Volk gezeigt und die Anwesenden konnten sich dafür einen Ablassbrief ausstellen lassen. Falls Johannes Gutenberg in Nürnberg war, wird er sich das Spektakel der Heiligtumsweisung auf jeden Fall angeschaut haben.

Bis zum Jahr 1500 waren Nürnberger Handwerker vor allem in zwei Branchen weit über die Stadtgrenzen hinaus bekannt: In der Produktion von Textilien und in der Metallverarbeitung. An den Ideenreichtum und die Erfindungsgabe der Nürnberger Handwerker erinnert bis heute die Redewendung vom *Nürnberger Witz*. Produkte, die hier entwickelt und hergestellt wurden, fanden in ganz Europa Absatz und sorgten für den Reichtum der Stadt. Im Spätmittelalter waren es Messer, Scheren, Löffel, Trichter, Leuchter, Fingerhüte und Waffen. Noch vor 1360 hatte man in Nürnberg den Schockenzug erfunden, eine Vorrichtung zum halbmechanischen Drahtziehen. Von hier kamen daher auch aus Draht gefertigte Dinge wie Nadeln, Haken, Ösen, Gürtelschnallen. Und schließlich war Nürnberg schon damals berühmt für Lebkuchen, Bleistifte und Textilien aus Wolle, Leinen, Baumwolle

54 | JOHANNES GUTENBERG

Mittelalterliche Ansicht von Nürnberg, Holzschnitt
aus Hartmann Schedels Weltchronik von 1493

und Pelz. 1390/91 wurde in der Stadt die erste Papiermühle Deutschlands in Betrieb genommen. Und von 1380 an bis ins 19. Jahrhundert war hier das Zentrum der Spielkartenproduktion, kein unwichtiges Detail. Denn Spielkarten bewiesen, dass es Dinge gab, die man einfach schnell und in Serie herstellen konnte, wenn man eine Technik dafür fand.

Während die Nürnberger Handwerker ihre Produkte für den einheimischen, den süddeutschen und den europäischen Markt fertigten, brachten die Kaufleute im Gegenzug die Rohstoffe in die Stadt: Erze, Stahl, Wolle, Stoffe und Farben.

Johannes Gutenberg, der sich alles interessiert angeschaut haben könnte, muss sich gefragt haben, warum ausgerechnet in dieser Stadt, wo die Handwerker so erfolgreich waren, Zünfte verboten waren. Vielleicht hat ihm jemand am Abend in einer Weinstube erzählt, dass es vor knapp hundert Jahren einen Handwerkeraufstand gegeben hatte, 1348. Doch bis auf diese kurze Zeit haben die Handwerker in Nürnberg nie politischen Einfluss gewonnen.

Johannes Gutenberg konnte bei seinen Streifzügen durch Nürnberg eine ganze Reihe von kleinen Manufakturen besuchen: Drahtziehermühlen, Papiermühlen, Waffenmanufakturen. Wenn er davon geträumt haben sollte, sich als Unternehmer in Nürnberg niederzulassen und selbst eine Manufaktur aufzubauen, so wird ihm doch schnell klar gewesen sein, dass das nicht so einfach war. Erstens fehlte ihm dafür das Kapital, zweitens die Investoren, drittens war es nicht leicht, als Stadtfremder dafür eine Genehmigung zu bekommen.

VON NÜRNBERG NACH BASEL?

Nehmen wir einmal an, Johannes Gutenberg hätte sich von Nürnberg aus nach Basel gewandt, denn dort tagte seit 1431 das Konzil und damit war die Stadt von besonderem Interesse für jeden aufgeweckten, neugierigen Menschen der damaligen Zeit. Eine Konzilsstadt versprach Inspiration, Kontakte und Unterhaltung.

Basel zählte Mitte des 15. Jahrhunderts zwischen 8.000 und 10.000 Einwohner. Auch hier konnte man sich über zu enge Gassen beschweren. Sowohl in Kleinbasel auf der südlichen Rheinseite, als auch in Großbasel standen die Häuser dicht aneinander, mit sehr kleinen Gärten dahinter. Die Gassen waren gar nicht oder schlecht gepflastert und voller Unrat. Vieh trollte sich zwischen den Häusern und Schweine wühlten mit ihren Nasen im Dreck. Die Obrigkeit versuchte zwar, mit Gesetzen gegen freilaufende Tiere in der Stadt vorzugehen, denn ihr Kot verunreinigte die Brunnen und damit das Trinkwasser, aber viel erreichten die Stadtherren nicht. Auch am Rheinufer gammelte der Müll vor sich hin. Vor allem der schmale Fluss Birsig, der mitten durch das Armenviertel der Stadt führte und in den Rhein mündete, war durch die Abfälle der angrenzenden Färbereien, Gerbereien und Fleischer zu einer stinkenden Kloake geworden. Größere Häuser gab es nur in den Vierteln auf dem Münsterhügel. Dort bauten der Adel und die Wohlhabenden ihre von Mauern umschlossenen Anwesen.

Basel hatte im 14. Jahrhundert mehrere Katastrophen durchlitten: 1348 starb fast die Hälfte der Bevölkerung während einer Pestepidemie. Acht Jahre später (1356) kam es in Basel zu dem bis heute schwersten Erdbeben nördlich der Alpen. Der dadurch ausgelöste Großbrand zerstörte einen großen Teil der Stadt.

Basel war – anders als Nürnberg – keine *Freie Reichsstadt*, sondern hatte eine ähnlich komplizierte Beziehung zu ihrem Bischof wie Mainz. Zwar hatten die Bürger das Münz- und Zollrecht und auch die Gerichtsbarkeit erstreiten können, außerdem bestimmten die Bürger, wer die wichtigsten Ämter in der Stadt übernehmen sollte, doch es war der Bischof, der die Einsetzung der Beamten vornahm und damit nominell die Oberherrschaft behielt.

Die Zünfte spielten in Basel eine wichtige Rolle, sie waren in Herrenzünfte und Handwerkerzünfte aufgeteilt und hatten großes politisches Gewicht.

Das Konzil von Basel tagte von 1431 bis 1449. Wenn Gutenberg hier gewesen ist, dann könnte er Nikolaus von Kues wieder getroffen haben, denn dieser hielt sich seit 1432 in der Stadt auf. Basel könnte Gutenberg auf neue Weise auf das Thema Bücher gebracht haben, denn hier versammelten sich die Humanisten Europas. Ebenso wie in Konstanz traf sich auf dem Basler Konzil die Szene derer, die sich für antike Texte interessierten. Um 1433 begann man mit der Papierfabrikation.

In Basel könnte Johannes Gutenberg also erneut darauf gestoßen sein, dass es einen wachsenden Markt für Bücher gab.

JUNGUNTERNEHMER IN STRASSBURG

Spätestens 1434 kam Johannes Gutenberg nach Straßburg, wo er bis 1444 blieb. Diese zehn Jahre umfassen eine besonders wichtige Zeit in seinem Leben. Er sammelte nicht nur die ersten Erfahrungen als Unternehmer, hier fanden auch die Anfänge seiner Erfindung des Buchdrucks statt. Gutenbergs Zeit in Straßburg ist die am besten dokumentierte seines Lebens: Wir wissen, welche Renten er bekommen hat und dass er sich sein Geld notfalls erkämpfte, wir erfahren, wie hoch die Steuern waren, die er gezahlt hat, wir kennen die Namen seiner Geschäftspartner, seines Dieners und sogar den Namen der Dame, die er vielleicht mit einem gebrochen Herzen hatte sitzen lassen. Das sind für einen Menschen des späten Mittelalters schon beachtlich viele Informationen und aus solchen Details könnte man glatt einen Roman stricken. Doch die Wirklichkeit ist mindestens genauso spannend.

Straßburg präsentierte sich Gutenberg als blühendes Gemeinwesen und zählte mit knapp 25.000 Einwohnern nicht nur zu den größten Städten Mitteleuropas, sondern auch zu den ersten *Freien Reichsstädten* des Heiligen Römischen Reiches. Schon früh hatten sich die Bürger von der Herrschaft ihres Stadtherrn, des Bischofs, befreit. Allerdings wurde Straßburg danach jahrzehntelang von zwei verfeindeten Clans dominiert, den Familien Zorn und Müllenheim. Deren Dauerfehde gipfelte 1332 in einem blutigen Straßenkampf. Als Folge davon bekam das Straßburger Rathaus zwei Eingänge, einen für die Familie Zorn, den anderen für die Familie Müllenheim. Auch die Ufer des Flusses Ill, der die Stadt durchquert, wurden nach den unversöhnlichen Rivalen benannt. Die Leidenszeit der Stadt war aber damit noch nicht vorbei. Nach einer Pestwelle kam es 1348/49 in Straßburg zu einer grausamen Judenverfolgung. Im Lauf des sogenannten *Valentinstag-Massakers* wurden bis zu 300 Juden öffentlich verbrannt und die Überlebenden fortgejagt.

JUNGUNTERNEHMER IN STRASSBURG | 59

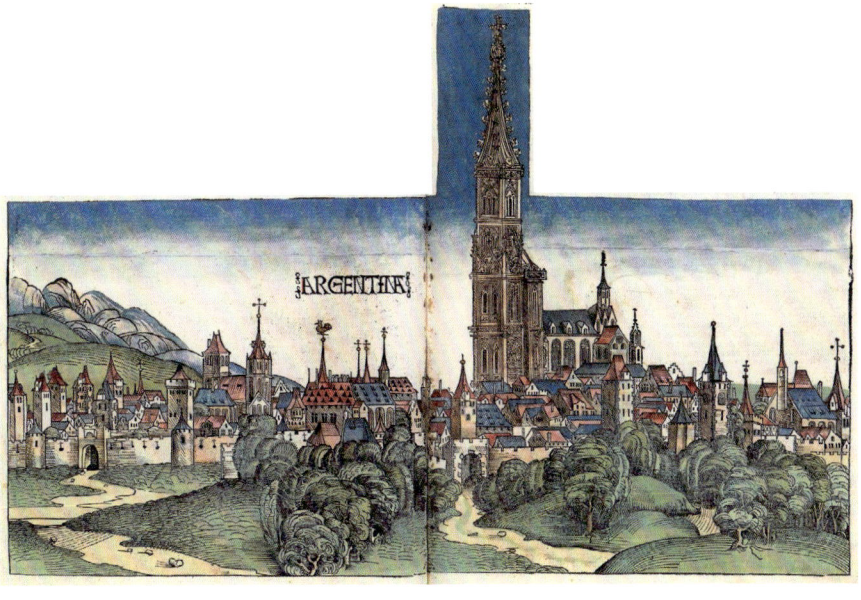

*Ansicht von Straßburg, Holzschnitt aus Hartmann Schedels Weltchronik (1493).
Straßburg wurde im Mittelalter auch „Argentina" genannt.*

Treträder wie dieses aus dem Münster von Gmünden wurden im Mittelalter dazu benutzt, um z. B. beim Bau von Kirchen schwere Lasten zu heben.

Als Folge der Adelskämpfe erzwangen sich die Zünfte die Mehrheit im Rat. Straßburg war deshalb praktisch eine der ersten Stadtrepubliken im Heiligen Römischen Reich. Auch wirtschaftlich entwickelte sie sich zu einem bedeutenden Zentrum. Als Johannes Gutenberg 1434 die Tore passierte und sich umschaute, werden ihm als erstes die Arbeiten am Münster aufgefallen sein, das nun fast fertig war. Seit 1399 bauten die Handwerker der Dombauhütte eifrig an dem Turm an der Westfassade, und 1439 waren die Arbeiten abgeschlossen. Den ursprünglich vorgesehenen zweiten Turm hatte man da schon lange aus den Plänen gestrichen.

Bis 1874 war das Straßburger Münster das höchste Gebäude der Welt und noch heute zählt sein Kirchturm mit 142 Metern zu den höchsten in Europa. Gutenberg konnte täglich beobachten, wie die Steine mit Hilfe eines Krans auf die Spitze des Turmes gehievt wurden. Betrieben wurde der Kran mit einem Tretrad, das einen Durchmesser von 3 bis 5 Metern hatte. Ein oder zwei Männer konnten das Rad laufend, bzw. *tretend* durch ihre Muskelkraft in Bewegung halten. Diese *Windenknechte* waren keinesfalls niedrig honorierte oder versklavte Arbeiter wie in römischer Zeit, sondern hochbezahlte Kräfte, deren Tätigkeit nicht nur extrem anstrengend, sondern auch gefährlich war. Denn zwei kräftige Männer mit etwa 75 Kilogramm Gewicht konnten in einem Tretrad von 4,2 Metern Durchmesser eine Hebekraft von 600 Kilogramm entwickeln. Mit einem Flaschenzug ließ sich die Hebekraft sogar noch erhöhen. Besonders schwierig war es, die Lasten in der Höhe zu halten, damit sie geschwenkt oder abgenommen werden konnten. Auch beim Herablassen von schweren Geräten drohte Gefahr. Wenn sich die Lasten plötzlich selbständig machten und nach unten rasten, gerieten die Männer im Tretrad ins *Schleudern* oder ins *Rotieren*, wie es heute noch in Redewendungen heißt. Die Windenknechte, die in der *Aufläder-Zunft* organisiert waren, brauchten also nicht nur Kondition und Erfahrung, sondern mussten sich blind aufeinander verlassen können. Trotzdem: Unfälle auf der Dombaustelle waren an der Tagesordnung.

Im Mittelalter zog der Bau einer großen Kirche weit über die Stadtgrenzen hinaus Handwerker, Künstler und deren Familien an. Maurer und Steinmetze, Glockengießer, Glaser und Metallverarbeiter wurden gebraucht, aber auch zahlreiche Handlanger. Eine solche Großbaustelle ernährte jahrzehntelang viele Menschen.

Straßburg profitierte vom Fernhandel, dessen Routen sich hier kreuzten. Auf dem Rhein wurden Waren von Süden nach Norden verschifft und umgekehrt. Seit Eröffnung einer Brücke über den Rhein 1388 führte die Handelsstraße von Osten nach Westen ebenfalls durch die Stadt. Die Fernbeziehungen der Straßburger Handelshäuser reichten bis in den Donauraum.

Eines der erfolgreichsten Handelshäuser Straßburgs gehörte der Familie von Seckingen, deren Vermögen auf gut 14.000 Pfund geschätzt wird. Johannes Gutenberg machte mit einem Vertreter der Familie später selbst Geschäfte. Die Wirtschaftskraft der Stadt zeigt auch ein Blick auf die Gasthäuser: Die Herberge zum Nesselbach konnte 78 Pferde einstellen, der Wirt zum Zoller lagerte 240 Viertel Korn auf seinem Speicher.

Als Johannes Gutenberg nach Straßburg kam, fand er eine lebendige, spannende Stadt vor. Für einen jungen Mann mit großen Plänen war es der perfekte Platz. Wer Geld und Ideen hatte – und Gutenberg besaß beides – konnte hier mit etwas Glück ein Vermögen machen, die Bedingungen dafür waren gut.

Was seine Aussichten noch verbesserte, war das Erbe, das er gerade angetreten hatte: Seine Mutter war 1433 gestorben und die drei Geschwister hatten ihren Besitz friedlich geteilt, wie es in einer Urkunde heißt: „1433 Sontags nach Vincula Petri theilen Claus Vitzthumb und Elsge seine Hfr. [Hausfrau] mit Frielen und Hennen Gensfleisch Gebrudern all daz Guth, so ihre Schwieger und Mutter selige Elsge verlassen."

Wie genau die Teilung aussah, ist nicht überliefert, aber man kann sich inzwischen ein Bild davon machen: Friele bekam das Haus in Eltville, denn dort wird er ab jetzt wohnen. Die Schwester Else erbte das Haus, den Hof *Zum Gutenberg* in Mainz und Johannes erhielt eine ordentliche Straßburger Leibrente, die er gut gebrauchen konnte. Es handelte sich dabei wohl um eine Leibrente von 14 Goldgulden, die ursprünglich auf seinen Bruder abgeschlossen war. Bei der Umschreibung wurde die Zahlung von 14 auf 12 Goldgulden gekürzt, da man ja davon ausgehen musste, dass Johannes länger leben würde als sein Bruder. Manch ein Forscher hat versucht, eine mathematische Gleichung aufzustellen, um aus der Differenz dieser zwei Gulden den Altersunterschied zwischen Johannes und Friele auszurechnen, einer von ihnen kam dabei auf sieben Jahre.

Johannes Gutenberg suchte sich eine Wohnung im Viertel St. Arbogast, etwa 2,5 Kilometer außerhalb von Straßburg, aber innerhalb des umfriedeten Bereichs eines Klosters, direkt an der Ill. Dort wurde er von seinem Diener Lorenz Beildeck und dessen Frau versorgt. Gutenberg war nicht arm, aber er musste sein Geld zusammenhalten, da er auf ausstehende Rentenzahlungen wartete. Vielleicht wählte er deshalb ein Stadtviertel, das nicht zu den vornehmsten und teuersten von Straßburg zählte.

KÄMPFER FÜR SEIN RECHT

Schon 1434, in seinem ersten Straßburger Jahr, sorgte Gutenberg für einen kleinen Skandal. Einem hochgestellten Mann wie ihm kam es immer zu Ohren, wenn etwas Wichtiges in der Stadt geschah. Deshalb wusste er, dass sich der Mainzer Stadtschreiber Nikolas Wörrstadt in Straßburg aufhielt. Auf ihn war Gutenberg schlecht zu sprechen, denn Wörrstadt hatte zusammen mit Eberhard Windecke die Zünfte in Mainz gegen die Patrizier aufgehetzt. Jetzt sah Gutenberg den Moment für eine doppelte Rache gekommen. Er wartete schon seit längerem auf die Zahlungen einer Mainzer Rente und zwar jener, die er nach dem Tod seiner Mutter erhalten sollte. Der Grund dafür dürfte gewesen sein, dass Gutenberg die Rachtung von 1430, die Einigung zwischen Zünften und Patriziern nicht unterschrieben hatte und auch nicht zurück nach Mainz gekommen war. Gutenberg griff jetzt zu einem drastischen Mittel, um sich zu holen, was ihm zustand: Er ließ den Stadtschreiber Nikolas Wörrstadt in Schuldhaft nehmen. Dieser Vorgang war prinzipiell rechtens, denn die Bürger einer Stadt hafteten für die Schulden ihrer Gemeinde, wenn sie sich auf fremdem Territorium befanden. Praktisch aber war dieser Brauch aus der Mode gekommen, die meisten Streitigkeiten wurden inzwischen vor Gericht ausgetragen. Trotzdem hatte Gutenberg das Recht auf seiner Seite. Die Stadt Mainz sicherte ihm deshalb zu, die Leibrente sofort auszuzahlen. Man vereinbarte, sein Vetter Arnold Gelthus solle das Geld für ihn in Empfang nehmen. Dafür müsste Gutenberg zustimmen, dass Wörrstadt aus der Haft entlassen würde. Es war der Rat von Straßburg, der diese Einigung herbeiführte, was ein Licht auf Gutenbergs gute Kontakte in der Stadt wirft, sonst hätte man sich nicht so intensiv für seine Interessen eingesetzt. Gutenberg selbst erscheint in diesem Konflikt als hartnäckig und durchsetzungsfähig. Er war aber auch ein kluger Diplomat, kein verbohrter Michael Kohlhaas. Weil er sich mit dem Rat der Straßburger gut stellen wollte, zeigte er sich versöhnlich. Schließlich leistete Nikolas Wörrstadt einen Eid darüber, dass 310 Gulden an Gutenberg gezahlt würden, das war die ausstehende Leibrente plus Verzugszinsen. Gutenberg würde den Stadtschreiber dafür in Ruhe ziehen lassen.

In der Sprache des 15. Jahrhundert klingt das so:

„Ich Johann Gensefleisch der Junge, genannt Gutemberg, kunde mit diesem Briefe: [...] so habe ich miner berlicher notdurfft halb zu hern Niclause statschrieber zu Mentze griffen, und er hat mir gelobt und geschworen drü hundert und x guter Rhinischer gulden zu geben [...] 1434."

Dass Gutenberg überhaupt so lange auf das Geld warten konnte, spricht für seine gute finanzielle Situation. Er bekam zu dieser Zeit mindestens fünf Leibrenten und in Mainz regelten Verwandte wie sein Schwager Claus Vitzthumb finanzielle Dinge für ihn.

Die Stadt Straßburg führte Gutenberg in ihren Steuerlisten zunächst als Patrizier, denn er lebte von seinem Vermögen, nicht von seiner Arbeit oder einem Handwerk. Da er aber kein Vollbürger, sondern nur ein zugewanderter Gast war, galt er als *Nachconstofler*, sozusagen als halber Patrizier. Dass er ein offenes Haus führte, in dem er Besuch empfing, können wir aus seiner Weinsteuer errechnen. Die bezog sich im Jahr 1439 auf 1.924 Liter Wein, was einem täglichen Verbrauch von rund 5,3 Litern entsprach. Zwar hat man Wein auch benutzt, um Trinkwasser damit zu *desinfizieren*, trotzdem hätte Gutenberg diese Menge Wein kaum alleine trinken können. Es ist eine bunte Truppe, die sich bei Gutenberg versammelte, denn wie wir wissen, gehörten einfache Handwerker, reiche Zunftangehörige, Patrizier, Adlige und Priester zu seinem Umgang. Deshalb finden wir ihn in den Straßburger Akten auch später als Zugeselle der Goldschmiedezunft verzeichnet und dann wieder als jemand, der „mit niemandem diente", also einer, der nicht zu einer Zunft gehört. Man erkennt an diesen verschiedenen Einordnungen, dass Johannes Gutenberg gesellschaftlich ein Grenzgänger war, was durchaus zu seiner Erfinderpersönlichkeit passte.

GUTENBERG VERLIEBT?

Ob er ein glücklicher Mann war, wissen wir nicht. Auch nicht, ob es in seiner Macht lag, jemanden glücklich zu machen. Im Gegenteil stoßen wir sogar auf ein Opfer Gutenbergs, nämlich auf das Fräulein *Ennelin zu der Iserin Thüre*. Wir wissen zwar nicht genau, wie die Dinge zwischen ihm und der elsässischen Patriziertochter Ennelin lagen, aber Tatsache ist, dass sie 1437 behauptete, mit Johannes Gutenberg verlobt zu sein. Da er das leugnete, kam es zu einem Prozess: „Ennelin zu der Iserin Türe klage gegen Hannsse Gensefleisch von Mentze, den man nennet Gutenberg, weil er das Eheversprechen gebrochen habe und Ennelin nicht heiraten wollte."

Die verwitwete Mutter des Mädchens wollte den etwa 37-jährigen Gutenberg zwingen, Ennelin zu heiraten. Klagen wegen eines nicht eingehaltenen Eheversprechens waren im Mittelalter keine Seltenheit. Zu dieser Zeit war man nicht prüde und oft pflegten Männer und Frauen sexuelle Beziehungen miteinander, bevor sie heirateten. Wenn das hier auch der Fall gewesen ist, dann wäre das gleichbedeutend mit einer Verlobung. Es war natürlich schwierig, ein Heiratsversprechen, also eine *heimliche* Ehe, die sich aus einvernehmlichem Sex ergab, nachzuweisen.

Doch es fand sich tatsächlich ein Zeuge, der Schuster Claus Schott. Ob er glaubwürdig oder bestochen war, können wir heute nicht mehr entscheiden. Gutenberg war so wütend über die Aussage des Schusters, dass er ihn als Lügner und Betrüger beschimpfte. Claus Schott wehrte sich und verklagte Gutenberg wegen Beleidigung. Die ganze Angelegenheit ist uns nur deshalb bekannt, weil ein Schreiber im Archiv von Straßburg eine Zusammenfassung des Falles notiert hat, denn die originalen Prozessakten sind nicht erhalten.

Johannes Gutenberg musste also wegen der Beleidigung 15 Gulden an den Schuster zahlen, vorbehaltlich der Entscheidung über das eingeklagte Eheversprechen. Da wir nichts mehr davon erfahren und nirgends eine Ehefrau Gutenbergs erwähnt wird, kann man davon ausgehen, dass er Ennelin nicht geheiratet hat. Sie wohnte auch sieben Jahre später noch bei ihrer Mutter und galt als ledig. Außerdem wäre der Mainzer durch Heirat ein Vollbürger von Straßburg geworden und auch das ist nicht geschehen.

Ob Johannes Gutenberg die 15 Gulden zurückbekommen hat, weiß niemand. Und ob Ennelin nicht nur ein Eheversprechen, sondern auch ein gebrochenes Herz zu verschmerzen hatte, ist eine Frage, die heute nur von den Autoren historischer Romane beantwortet werden könnte.

Johannes Gutenberg mag etwas für Frauen übriggehabt haben, aber die Pflichten eines Ehemanns und Familienvaters wollte er offenbar nicht auf sich nehmen, denn er war in diesen Jahren mit ganz anderen Dingen beschäftigt.

Wir sehen Gutenberg in Straßburg in drei verschiedenen Rollen: als Handwerker, Erfinder und Unternehmer. Seine erste nachgewiesene Tätigkeit ist das Polieren von Steinen. Sein späterer Geschäftspartner Andreas Dritzehn berichtet, Gutenberg habe ihm diese Kunst selbst beigebracht. Wahrscheinlich ging es dabei um das Schleifen und Polieren von Halbedelsteinen, die man zum Verzieren von Bucheinbänden, Reliquienschreinen oder Skulpturen verwendete. Die Steine, z. B. Rubine oder Topase wurden zu einer halbkugelartigen Form geschliffen, eine Fertigkeit, die zur Ausbildung von Goldschmieden gehörte, die Steine vorbereiten mussten, um sie für Ketten, Diademe, Broschen, Ringe oder Armreifen einzufassen. Wer Steine bearbeiten will, muss wissen, wie hart oder weich sie sind, welche Behandlung sie ertragen, wenn man sie zum Leuchten bringen will und wann sie zerbrechen. Für diese Arbeit braucht man Geduld, Erfahrung und eine ruhige, geschickte Hand. Gutenberg muss diese Kunst so gut verstanden haben, dass er sie gegen die Zahlung von Geld weitergeben konnte. Das wirft ein neues Licht auf ihn. Wir erkennen jetzt deutlich den handwerklich geschickten Mann, der Freude daran hatte, Dinge selbst zu fertigen.

Welchen Beruf Andreas Dritzehn ausgeübt hat und wofür er die Kunst des Steinepolierens brauchte, wissen wir nicht. Es gibt die Vermutung, er habe als Buchbinder gearbeitet und wertvolle Bucheinbände hergestellt. Vielleicht hat er aber auch andere Dinge produziert, in die polierte Edelsteine eingearbeitet wurden. Auf jeden Fall wurde er Gutenbergs Partner für dessen erste große Unternehmung in Straßburg und jetzt endlich bewies der Mainzer Patriziersohn, dass er eine gute Nase für ein Geschäft und eine Marktlücke besaß: Er produzierte Wallfahrtsspiegel für Aachen.

MITTELALTERLICHE SOUVENIRJAGD

Schon in Mainz konnte Johannes Gutenberg beobachten, wie viel Geld sich mit dem Pilgerwesen verdienen ließ, denn dort heuerten Gläubige, die selbst keine Pilgerfahrt nach Aachen oder Köln unternehmen konnten, Vertreter an. Die Menschen des Mittelalters waren in mancher Hinsicht sehr pragmatisch und regelten viele Dinge über Geld. Man konnte Ablassbriefe kaufen und sich damit einige hundert oder tausend Jahre im Fegefeuer ersparen, man konnte mit Ablassbriefen sogar verstorbenen Verwandten den Weg in den Himmel verkürzen, man konnte Messen kaufen oder sich Sünden schon vor dem eigentlichen Fehltritt gegen Geld vergeben lassen. Der Gott des 15. Jahrhunderts galt als bestechlich und die Wut eines Martin Luthers auf dieses System war durchaus nachvollziehbar. Der Glaube mittelalterlicher Menschen war jedoch trotz ihres geschäftsmäßigen Umgangs mit dem Sündenablass nicht weniger innig. Die meisten Menschen nahmen viel auf sich, um einen Wallfahrtsort zu besuchen und vor heiligen Reliquien zu beten. Wer dann vor einer wundertätigen Madonna oder den Knochen eines Heiligen kniete, spürte ehrliche Reue ebenso wie Hoffnung auf Erlösung.

Die Reliquien der christlichen Welt waren jedoch nicht alle gleich heilig, sondern sie gehörten unterschiedlichen Qualitätsstufen an: Am wirkungsvollsten waren natürlich Körperteile von Heiligen, insbesondere Knochen, aber auch Haare, Fingernägel und Blut. Bei Märtyrern, deren Körper verbrannt worden war, galt auch die Asche als Reliquie erster Klasse.

Reliquien zweiter Klasse waren Dinge, die der oder die Heilige zu ihren Lebzeiten berührt hatte. Das konnten Kleidungsstücke sein, bei Märtyrern auch die Foltergeräte und Waffen, mit denen man sie getötet hatte. Der Heilige Laurentius wird deshalb immer mit dem Grillrost dargestellt, auf dem man ihn hatte sterben lassen. Reliquien dritter Klasse waren Dinge, die Reliquien der ersten Klasse berührt hatten. Zum Beispiel kleine Papier- oder Stoffquadrate, die man kurz auf die *besseren* Reliquien gelegt hatte.

Ebenso wie die Menschen heute nach Souvenirs jagen, wollten die Menschen damals etwas von dem besitzen, was heilende Kraft hatte. Deshalb brachen sie Steinchen aus Mauern der Wallfahrtskirchen, steckten Erdklumpen von heiligen Stätten in Ledersäckchen oder knibbelten Stofffetzen von Altartüchern oder Madonnenkleidern ab. Die Pilger wollten etwas mitnehmen von der Gnade, die sie sich durch ihre Reise verdient hatten. Sie sehnten sich nach sichtbaren Zeichen, die ihnen in Zeiten des Zweifels oder der Versuchung halfen und sie auch vor Krankheit und frühem Tod schützen sollten.

Deshalb erfanden die Menschen sogenannte Pilgerzeichen, flache Broschen oder Anhänger aus Metall, die man an Wallfahrtsorten kaufen konnte. Pilgerzeichen waren den Reliquien nahegekommen, hatten sie vielleicht sogar berührt und besaßen fast so viel Kraft wie die Reliquie selbst. Sie zeigten zum Beispiel ein vereinfachtes Abbild des Heiligtums. Man trug sie als Brosche am Mantel oder um den Hals wie ein Amulett, hängte sie im Haus gegen Flüche und böse Blicke auf oder vergrub sie in der Erde, damit der Acker fruchtbar würde. Köln und Aachen waren die wichtigsten Wallfahrtsorte im Heiligen Römischen Reich. Köln besaß die Gebeine der Heiligen Drei Könige und dazu noch viele andere Reliquien, wie die Gebeine der Heiligen Ursula und ihrer – angeblich – 11.000 Jungfrauen.

Aachen konnte im 15. Jahrhundert aber auch schon mit besonderen Reliquien aufwarten: Hier wurde – und wird bis heute – ein Kleid der Jungfrau Maria verwahrt, eine Windel Jesu, sein Lendentuch und das Tuch in dem das Haupt von Johannes dem Täufer eingewickelt gewesen war. Seit dem 13. Jahrhundert wurden die Aachener Reliquien alle sieben Jahre an mehreren Tagen gezeigt, und dazu strömten schon zu Gutenbergs Zeit täglich tausende Menschen in die Stadt. Mehrmals mussten die Stadttore wegen Überfüllung geschlossen werden und hunderte von Pilgern übernachteten dann auf dem freien Feld vor der Stadt.

Ursprünglich durften die Pilger die textilen Reliquien berühren, aber angesichts des Massenandrangs sorgten sich die Geistlichen um die zarten Stoffe und beschlossen, sie nur noch zu zeigen. Ihre Wirkung verloren sie dadurch nicht, davon war man fest überzeugt. Doch es war nicht einfach, einer riesigen Menschenmenge die Heiligtümer zu zeigen, man musste die ganze Zeremonie vom Kirchenraum ins Freie verlegen, Gerüste auf den Plätzen bauen und mehrere Durchgänge der *Fernzeigung* planen. Wer von den Pilgern auf Nummer Sicher gehen wollte, kaufte sich einen Wallfahrtsspiegel, um auch im größten Gedränge genügend von der Aura der Reliquien einzufangen.

Aachener Pilgerzeichen, Nachguss. Im unteren Teil präsentieren Mönche das Kleid Mariens. Die Ösen wurden benutzt, um das Zeichen an der Kleidung festzunähen.

Für diese speziellen Andenken wurden kleine konvexe Spiegel in ein Pilgerzeichen eingelassen. Dieses brauchte man dann bei der *Aachener Heiligtumszeigung* nur noch hochzuhalten. Der Spiegel bündelte nicht nur Licht, sondern auch die Kraft der Reliquie, ihre Ausstrahlung. Auf mittelalterlichen Darstellungen einer solchen Fernzeigung halten manche Pilger auch Brotlaibe hoch, damit sie die Kraft der Reliquie auffangen. So konnte man sich beim Essen doppelt stärken. Kleriker wetterten manchmal gegen solchen Aberglauben, aber das Volk liebte dieses Schauspiel.

Wallfahrtsabzeichen durften nur an dem Ort der Heiligen Stätten selbst verkauft werden. Weil die Aachener aber die große Nachfrage aus eigener Kraft gar nicht befriedigen konnten, erlaubten sie es auch auswärtigen Handwerkern, Wallfahrtszeichen und Wallfahrtsspiegel für Aachen herzustellen und in der Stadt anzupreisen. Dafür genehmigte der Stadtrat schon 1426 den Bau von 32 hölzernen Verkaufsbuden.

Genau das muss Johannes Gutenberg gewusst haben, denn hier witterte er seine Chance auf einen guten Gewinn: Er wollte Aachener Wallfahrtsspiegel herstellen und damit möglichst viel Geld verdienen.

DIE ERSTE GESCHÄFTSIDEE

1438 schloss Gutenberg mit drei Geschäftspartnern einen Vertrag zur Produktion von Aachener Wallfahrtsspiegeln: Der Straßburger Patrizier Hans Riffe von Lichtenau war nur Geldgeber. Andreas Heilmann und Andreas Dritzehn sollten jeweils 80 Gulden einzahlen, das war zum einen ihre Beteiligung am Geschäft, zum anderen Lehrgeld dafür, dass Gutenberg ihnen die Technik der Herstellung zeigte, also „umb den teil und um die kunst". Beide sollten neben ihrer finanziellen Beteiligung ihre Arbeitskraft zur Verfügung stellen. Den Gewinn wollte diese kleine Unternehmergesellschaft folgendermaßen verteilen: Gutenberg würde für Idee, Technik und Geräte die Hälfte bekommen, Hans Riffe als reiner Investor ein Viertel, die beiden anderen je ein Achtel.

Es sind eine ganze Reihe von Aachener Wallfahrtszeichen und -spiegel erhalten, aber keiner davon wurde bisher als Produkt der Straßburger

Unternehmergruppe identifiziert. Da sich die bisher entdeckten jedoch in manchen Details auffallend ähnln, wird Gutenbergs Wallfahrtszeichen von diesen nicht stark abgewichen sein. Die bekanntesten Aachener Modelle bestehen aus drei übereinander angeordneten Kreisen. Im obersten Kreis sind zwei Kleriker zu sehen, die das Kleid Mariens halten, der mittlere Kreis ist mit dünnen Metallzungen zum Umbiegen versehen, dort wurde der Spiegel angebracht, und im dritten Kreis ist ein weiteres christliches Symbol, eine Madonna, Gottvater oder Christus zu sehen.

Die meisten Wallfahrtszeichen des 15. Jahrhunderts waren etwa 7 bis 10 Zentimeter hoch und 5 bis 6 Zentimeter breit. Sie bestanden aus leicht schmelzenden Blei-Zinn-Legierungen, die mit dem Verfahren des Gittergusses hergestellt wurden. Dafür musste ein Goldschmied zuerst eine Hohlform in Schiefer oder Speckstein schneiden. Um Zeit zu sparen, konnten auch mehrere Pilgerzeichen nebeneinander in die Hohlform geschnitten werden, so dass man gleich vier oder acht Stücke auf einmal gießen konnte, die dann nur noch voneinander getrennt werden mussten. Viele Gutenberg-Forscher gehen davon aus, dass der spätere Buchdruck-Erfinder bereits hier eine Presse zum Einsatz brachte. Wallfahrtsspiegel waren sehr dünn, man hätte sie also auch zwischen zwei gravierte Formen, eine Matrize und eine Patrize legen und in Form pressen können. Das ging viel schneller als das Gießen und danach brauchte man nur noch die Quetschkanten von Hand abzuschleifen. Der konvexe Spiegel musste ohnehin von Hand nachträglich eingefügt und die kleinen Metallzungen umgebogen werden, damit er festsaß.

Diese Spiegel waren höchstwahrscheinlich noch keine Glasspiegel, die erst später in Mode kamen, sondern polierte Metallspiegel. Die Technik, Metallbleche zu pressen, wurde bereits bei der Produktion von Waffen und anderen Metallgegenständen angewandt. Gutenberg hätte dies zum Beispiel in Nürnberg lernen können. Wenn er die Aachener Wallfahrtsspiegel tatsächlich mit einer Presse herstellte, dann hätte er sich auf diesem Weg – ohne es zu wissen – seiner späteren sensationellen Erfindung des Buchdrucks genähert. Aber davon später.

Zunächst einmal müssen wir die Frage stellen: Wer hat bei der Herstellung der Zeichen was gemacht? Und wo? Viel ist darüber nicht bekannt, denn das ganze Unternehmen wurde geheim gehalten, um unerwünschte Konkurrenz zu vermeiden. Vielleicht hatte Gutenberg sogar aus diesem Grunde

St. Arbogast als Wohnort gewählt, weil er hier ungestört experimentieren konnte. Im Zentrum der Stadt hätte er noch mehr darauf achten müssen, dass niemand etwas von seiner Unternehmung mitbekommt. Da Gutenbergs Geschäftspartner am Gewinn beteiligt waren, lag es auch in ihrem Interesse, gegenüber Außenstehenden über das Produkt, das sie mit viel Gewinn verkaufen wollten, Schweigen zu bewahren.

Immerhin wissen wir, dass der Goldschmied Hans Dünne später angeben wird, er habe für Gutenberg Formen hergestellt, damit waren wohl Patrize und Matrize gemeint. Dafür habe er 100 Gulden bekommen, umgerechnet etwa 24.000 Euro, eine Summe für die man damals in Mainz ein großes Haus in der Stadt kaufen konnte.

Beteiligt an der Unternehmung war auch der Drechsler Konrad Saspach, der in der Krämergasse lebte und eine Presse für die Herstellung der Wallfahrtszeichen baute. Die Handwerker konnten die Arbeiten in ihren eigenen Werkstätten erledigen, gepresst wurden die Pilgerzeichen im Hause von Andreas Dritzehn, wie wir später sehen werden. Die Bleche mussten bei Hans Dünne angefertigt werden, ebenso – falls Gutenberg parallel auch Pilgerzeichen gießen ließ – der Guss. Denn nur Goldschmiede durften damals Öfen besitzen und betreiben, in denen Metall geschmolzen wurde. Alle diese Arbeiten müssen zwischen 1436 und 1438 erledigt worden sein. Noch bevor die vielen tausend Pilgerzeichen fertig gestellt waren, bekam die Straßburger Gruppe aber plötzlich ein Problem: Die Aachener Heiligtumszeigung fand ja nur alle sieben Jahre statt und man hatte geplant, anlässlich des nächsten Wallfahrtsjahres 1439 die Zeichen zu verkaufen. Doch die Heiligtumszeigung fand erst 1440 statt. Einige Forscher vertreten die These, Gutenberg und seine Geschäftspartner hätten sich verrechnet. Wahrscheinlicher ist die Erklärung, der religiöse *Mega-Event* wie man ihn heute nennen würde, sei wegen einer drohenden Pestepidemie verschoben worden. Dagegen spricht wiederum, dass man in Aachen für das Jahr 1426 den Bau von Gaden, also Verkaufshütten für Wallfahrtszeichen beschloss. Das bedeutet, die nächsten Heiligtumszeigungen hätten automatisch 1433 und 1440 stattfinden müssen.

AACHENER HEILIGTUMSZEIGUNG

Wie auch immer: Im Jahr 1440 fuhr Johannes Gutenberg nach Aachen, um die Spiegel zu verkaufen. Wahrscheinlich haben er und Andreas Heilmann die Kisten mit ihren wertvollen Waren über den Rhein bis nach Köln verschifft und dann auf einem Ochsenkarren bis Aachen gebracht. Das alles muss sich vor Ostern abgespielt haben, denn sie wollten ja vor Ort sein, bevor die Zeremonien begannen.

Auch 1440 wurden alle vier großen Aachener Heiligtümer gezeigt: Kleid, Windeln, Lendentuch, Enthauptungstuch. Als Gutenberg und Heilmann ankamen, war die Stadt voller Pilger, sie werden Probleme gehabt haben, eine Unterkunft zu finden. Vielleicht mussten sie sogar außerhalb der Stadtmauern bei Bauern übernachten. Am nächsten Morgen konnten sie ihre Wallfahrtsspiegel auf dem Münsterkirchhof, nah am Dom anbieten und werden dafür eine der Buden gemietet haben.

Wie es in diesen Tagen in Aachen zuging, hat der reiche Tuchhändler Philippe de Vigneulles in einem schönen Bericht geschildert. Er befindet sich in dem Buch *Das Journal des Philippe de Vigneulles. Aufzeichnungen eines Metzer Bürgers (1471–1522)*. Der Händler hatte sich – wie viele andere auch – mit einer Gruppe von Reisenden zusammengeschlossen. Auf diese Weise war man auf der weiten Fahrt vor Räubern besser geschützt.

„Unterwegs begegneten wir unglaublich vielen Menschen. Als wir auf dem Berg oberhalb von Aachen ankamen, sahen wir, dass eine ganze Kirche in Feuer und Flammen zu stehen schien. Aber es waren nur Lampen, die um die Kirche herum brannten […] Der Grund für dieses Freudenfeuer war, dass diese Kirche am folgenden Tag geweiht werden sollte […] Glockengeläut und Orgelspiel klangen sehr ergreifend und die vielen Lichter glänzten wunderschön […] Als wir in der Stadt ankamen, war es schon dunkel, und wir konnten kaum eine Unterkunft finden, wurden herumgeschickt hierhin und dahin, durch die ganze Stadt, mehr als eine halbe Stunde lang und das, obwohl in unserer Reisegruppe vier oder fünf wohlhabende Leute waren, die die Stadt gut kannten. Endlich fanden wir dann doch eine, allerdings ziemlich schlechte Herberge, aber wir konnten nicht einmal ein Glas Wein auftreiben." Am nächsten Tag begab sich Vigneulles schon früh am Morgen in die Messe, und auch die Kirche war bereits überfüllt. Wenn jemand eine Münze verloren hätte, schreibt er, dann hätte er sich nicht bücken können, um sie aufzusammeln. Die Vertreter der Kirche seien deshalb auf eine gute Idee gekommen, um trotzdem Spenden sammeln zu können: „Kirchendiener streckten lange Stangen aus, an deren Enden kleine Säckchen hingen, die die Opfergaben aufnahmen, denn anders konnten sie nicht an die Gläubigen herankommen."

Vigneulles verbrachte seinen ersten Tag damit, die Stadt und ihre schönsten Kirchen zu besichtigen. Zur Mittagsstunde machte er sich bereit, um die Zeigung der Reliquien nicht zu verpassen. „Alle Häuser um diese Kirche herum waren überfüllt und hatten mächtige Schaugerüste aus Bauholz, so dass ich nicht aufhören konnte, mich zu wundern. Wir wurden gegen Geld auf einem der Gerüste dieser Häuser zugelassen und hatten eine recht gute Sicht auf die heiligen Reliquien [...] Sobald die Stunde gekommen war, fingen die Glocken an zu läuten."

Ein Glück für Vigneulles, dass er nicht auf dem Gerüst stand, das in diesem Jahr unter zu vielen Besuchern einstürzte. Vielleicht hätten wir sonst seinen Bericht nicht vorliegen. Einen besseren Platz hatte wohl Herzog Philipp von Burgund, der die Heiligtumszeigung in diesem Jahr ebenfalls besuchte, in seinem Gefolge befand sich sein Hofmaler Jan van Eyck.

Da es unmöglich war, alle Wallfahrer, die sich in Aachen aufhielten, an einem Ort zu versammeln, wurde die Fernzeigung an verschiedenen Orten durchgeführt. Zuerst kam ein Prälat, also ein leitender Geistlicher wie ein Bischof oder Abt. Er hielt eine kleine Predigt und nahm der Versammlung eine allgemeine Beichte ab. Dann folgte die Aufforderung an alle Anwesenden, für den Papst, den Kaiser und die Priester zu beten. Auch die Landesherren, die den Landfrieden einhalten sollen, damit die Pilger sicher reisen konnten, wurden in das Gebet aufgenommen. Es folgten weitere Ermahnungen. Dann wurden brennende Fackeln und große Leuchter gebracht. Prächtig gekleidete Priester versprühten Weihwasser, schwenkten Weihrauch und hielten Kreuze hoch. Endlich trugen Priester die Reliquien auf den Platz. Auf ihren Schultern lagen Stäbe, die wie vergoldete Lanzen aussahen. Darauf lag, schön zusammengefaltet und in Stoff verpackt, das kostbare Kleid der Mutter Gottes. Die Priester näherten sich mit langsamen, feierlichen Schritten der Stelle, an der zuvor die Predigt gehalten worden war. Sie blieben

JUNGUNTERNEHMER IN STRASSBURG | 75

Mit Pilgerspiegeln wurde die „Aura" der gezeigten Heiligtümer eingefangen, Nürnberg 1487.

stehen, enthüllten voller Ehrfurcht das Hemd und zeigten es der Menge. Die Pilger knieten mit entblößtem Kopf und gefalteten Händen nieder und riefen „Erbarme Dich unser." Es klang, fährt der Metzer Tuchhändler fort, als würde die Erde beben: „Es gab wohl niemanden, dem sich nicht die Haare auf dem Kopf aufgestellt haben und dem nicht die Tränen in die Augen traten." Dann gingen die Prälaten zum nächsten ausgewählten Platz und präsentierten das Heilstuch dort.

Der Glaube mittelalterlicher Menschen war unmittelbar. Die Lehre musste nicht gedeutet werden, sondern es galt, was man hörte und sah, direkt und immer. Die Kyrie Rufe wurden mit jeder Reliquie lauter.

Wer es sich leisten konnte, kaufte natürlich einen Wallfahrtsspiegel, den er während dieser ganzen Zeremonie hochhalten konnte. Sicherlich hatte Gutenberg nach dem Verkauf seiner Waren selbst eine Zeigung besucht und dabei wahrscheinlich auch einen Wallfahrtsspiegel in der Hand oder am Rock getragen.

Auf dem Rückweg könnten er und Heilmann in Köln den Schrein der Heiligen Drei Könige besucht haben, jetzt, da sie keine Waren transportieren und darauf aufpassen mussten. Möglicherweise hat Gutenberg sich erkundigt, ob man als Mainzer Unternehmer auch hier in Köln Wallfahrtsspiegel verkaufen konnte. Vielleicht aber auch nicht, denn Gutenberg hatte längst mit einer neuen Unternehmung begonnen. Und diesmal sollte er damit mehr als ein paar Tausend Pilger erreichen. Diesmal ging es um die ganze Welt.

DIE GEHEIME GESELLSCHAFT

Gutenbergs Freund und Geschäftspartner Andreas Dritzehn konnte sich über den Erfolg der Wallfahrtsspiegel, an denen er selbst mit Hingabe gearbeitet hatte, nicht mehr freuen, denn er starb schon Weihnachten 1438 an der Pest. Ein Zeitgenosse berichtete, Dritzehn sei während einer Prozession so krank geworden, dass er es nicht mehr nach Hause geschafft habe, sondern sich in einer fremden Wohnung ins Bett hatte legen müssen. Nach seiner Aussage, er fühle sich „gar tödlich", rief man einen Priester zu ihm und noch am selben Abend war Dritzehn tot.

Die Pest grassierte schon seit einigen Wochen in Straßburg, und es war die Angst vor Ansteckung, die Gutenberg dazu brachte, nicht selbst in Dritzehns Wohnung zu gehen, sondern seinen Diener Lorenz Beildeck zu schicken, um die wichtigsten Teile der Presse sicher zu stellen, bevor sie Fremden in die Hände fielen. Da Gutenberg in St. Arbogast außerhalb der Stadtmauer wohnte, wähnte er sich in sicherer Entfernung von der Seuche. Sein Diener sollte zwei Schrauben lösen, damit die Presse in 4 Teile zerfalle und dann niemand mehr erkennen könne, wozu dieses Gerät gedient hatte: „vff daz man nit gewissen kune, was es sei, dann er hatt nit gerne, das das jemand sihet."

Doch alle Vorsicht kam zu spät: Dritzehns Brüder hatten die Presse schon aus der Wohnung von Andreas herausbringen lassen. Glücklicherweise – das bekam Gutenberg später durch geschickte Fragen heraus – wussten die Dritzehns nicht, was sie damit anfangen sollten und die Presse wurde auch nie wieder eingesetzt. Andreas Dritzehn hatte das Geheimnis der gemeinsamen Unternehmung also gewahrt und nichts verraten. Auf die Frage, wofür er eigentlich ständig Geld brauche, hatte er ehrlich geantwortet, er sei jetzt ein Spiegelmacher. Wie genau die Wallfahrtsspiegel aber hergestellt wurden, darüber hatte er auch mit Agnes Stösser, seiner Freundin, nie gesprochen. Und vor allem hatte er nie auch nur ein Wörtchen über die zweite Gesellschaft erzählt, die Gutenberg gegründet hatte.

Als nämlich im Laufe des Jahres 1438 klar wurde, dass man die Wallfahrtsspiegel erst 1440 verkaufen könnte, entschloss sich die kleine Finanzgruppe um Johannes Gutenberg dazu, eine neue „Gesellschaft und Gemeinschaft" zu gründen, die fünf Jahre lang, bis 1443 bestehen sollte. Wieder wurde ein Vertrag geschlossen. Er besagte, Gutenberg solle die anderen in allen technischen Fertigkeiten unterrichten, über die er verfügte: „alle sin künste und afentur, so er fürbasser oder in ander Wege mehr erkunde und wusste."

Unter *afentur* verstand man damals eine geschäftliche Unternehmung mit finanziellem Risiko, der Begriff *kunst* bezog sich auf ein Handwerk oder eine Technik. Die Gruppe plante außerdem eine Burse, also eine Art Haus- und Werkgemeinschaft für die neue Unternehmung. Und natürlich musste jeder einen finanziellen Einsatz leisten: Gutenberg und Riffe steckten je 500 Gulden hinein, Dritzehn und Heilmann zusammen 500. Der Topf wäre also mit 1.500 Gulden gefüllt, wenn Andreas Dritzehn seinen Anteil zusammen bekommen hätte, was ihm nicht gelang. Diesmal dachte Gutenberg noch weiter voraus, denn er legte fest: Falls einer der vier Gesellschafter vor Ablauf der fünf Jahre sterben würde, sollten seine Erben höchstens 100 Gulden bekommen, der Rest der Geldeinlage gehörte dann aber der Gesellschaft. Es gab einen Zeugen der Abmachung, Hans Friedel von Seckingen. Er stammte aus der bereits erwähnten wohlhabenden Straßburger Unternehmer-Familie und investierte selbst gerne in neue Techniken.

DIE VORAUSSAGE DES ANDREAS DRITZEHN

Der unglückliche Andreas Dritzehn hatte noch auf dem Sterbebett vorausgesehen, dass seine Brüder dem Freund Gutenberg Ärger machen würden, denn kurz vor seinem Tod vertraute er dem an seinem Bett sitzenden Mydehart Stocker an: sollte er sterben, „so wolte ich, da ich nye inn die geselleschafft kommen wer […] do weis ich wol, das mine brüdere mit Gutemberg nyemer überkommen kunnent".

Die Vermutung erwies sich als richtig. Kaum war Andreas Dritzehn tot, da holten die Brüder nicht nur die Presse und die wertvollen Bücher aus seiner Wohnung, sondern sie verlangten, an seiner Stelle in die Gesellschaft aufgenommen zu werden. Als Gutenberg das ablehnte, klagten sie auf Herausgabe von Andreas' Anteil. Es kam zu einem Prozess, bei dem viele Zeugen gehört wurden. Die Abschrift dieser Akten ist die wichtigste Informationsquelle, die wir zu Gutenbergs geschäftlichen Unternehmungen in Straßburg überhaupt haben. Das Gericht entschied am 12. Dezember 1439 zu Gunsten von Gutenberg und seiner Geschäftspartner: Die Brüder Dritzehn wurden weder in die Gesellschaft aufgenommen, noch bekamen sie den Anteil von Andreas ausgezahlt. Sie erhielten lediglich 15 Gulden, denn schließlich hatten sie ja die Presse schon an sich genommen.

Bis heute weiß niemand, welches Produkt diese zweite Gemeinschaft Gutenbergs eigentlich herstellte oder herstellen wollte. Auch die Gerichtsakten geben keine Auskunft, weil niemand das Geheimnis lüftete. Einige Forscher haben hinter dieser *afentur* und *kunst* den Beginn des Buchdrucks vermutet. Um diese These zu stützen, haben sie große Anstrengungen unternommen.

Aber welche inhaltlichen Hinweise auf den Buchdruck gibt es? Als zentral gilt die Aussage des Goldschmieds Hans Dünne, der im Dritzehn-Prozess erklärte, er habe 100 Gulden bekommen für das, „was zu dem trucken gehöret". Diese Aussage kennen wir schon, denn sie bezog sich ja auf die Vorarbeiten, die Dünne für die Wallfahrtsspiegel leistete. *Trucken* heißt nämlich zunächst noch nicht *drucken*, sondern eher *prägen* oder *stanzen*, eben das, was man für die Herstellung der Spiegel gebraucht hatte, die Herstellung von Matrize und Patrize. Es dauerte lange, bis sich diese Erkenntnis durchsetzte, denn mit dem Frühneuhochdeutschen – der Sprache Gutenbergs – gibt es ein Problem: Es klingt vertraut, ist es aber nicht. Historiker Kurt Köster schreibt, man müsste es eigentlich sogar bedauern, dass die Gutenberg-Quellen in einem Deutsch geschrieben seien, das man – so scheint es – leicht verstehen könnte, denn die Besonderheiten der spätmittelalterlichen Sprache, noch dazu, wenn es sich um Gerichtsakten handelt, seien eben mitnichten leicht zu entschlüsseln.

Letztlich haben wir keine Hinweise darauf, dass Gutenberg in Straßburg den Buchdruck schon ausprobierte. Es spricht eher vieles dagegen und man muss umgekehrt fragen: Wenn er in diesen Jahren wirklich schon gedruckt hätte, warum hat sich dann kein einziges Zeugnis davon erhalten? Warum sollte es elf Jahre dauern, bis wir den ersten Druck finden, der von Gutenberg stammt und zwar aus Mainz? Und warum sollte keiner seiner Mitstreiter später zu den ersten Druckern in Straßburg gehören, obwohl sogar die Presse in Straßburg geblieben ist?

Was hingegen viel wahrscheinlicher ist: Gutenberg könnte sich erst einmal mit der *Entwicklung* des Buchdrucks befasst haben. Nicht als gezielte Suche nach einer Technik, die ihm das Drucken von Büchern ermöglichte, sondern durch Experimente und Versuche, seine metalltechnischen Kenntnisse auf andere Produkte anzuwenden und dabei die Idee der Arbeitsteilung weiter voranzutreiben. Von der erfolgreichen Produktion der Pilgerspiegel ausgehend, könnte er überlegt haben, welche anderen Dinge sich schnell und günstig pressen lassen. Dabei kamen ihm vielleicht Metallstempel in den Sinn, die man zum Prägen von Bucheinbänden benutzten konnte. Von dort ist es nicht weit bis zur Idee, Punzen herzustellen, also Werkzeuge, mit denen man kleine Muster oder Buchstaben in Metall oder Leder schlägt. Wahrscheinlich hat er auch jede Menge Fehlschläge produziert. Und gleichzeitig hat die Gruppe vielleicht auch überlegt, neue Pilgerzeichen anzufertigen, denn was einmal funktioniert hatte, klappte vielleicht auch ein zweites Mal.

Wir müssen uns vorstellen, dass Gutenberg sich mit seinen Experimenten immer weiter in die Nähe seiner späteren sensationellen Erfindung begeben hat. Denn wie Rüdiger Mai ganz richtig sagt: Der Buchdruck ist nicht über den Weg der Bücher, sondern über den Weg der Metallbearbeitung entstanden.

Gutenberg dachte vielleicht so: Wenn man Metallbleche in einer Presse formen und ausstanzen kann, wenn auf diese Weise Buchstaben entstehen, die sich auf Papier stempeln lassen, dann kann man auch ganze Wörter ausstanzen und auf Papier drucken. Dafür braucht man nur verschiedene Stempel mit ganzen Wortgruppen. Aber: Könnte man dann nicht auch einzelne Buchstaben als Lettern herstellen, sie zu Wörtern zusammensetzen, auseinandernehmen und neu zusammensetzen? Damit ließen sich ganze Bücher drucken.

DAS SALOMONISCHE URTEIL DER FORSCHUNG

Es gab eine lange Diskussion darüber, ob Straßburg oder Mainz für sich in Anspruch nehmen dürfen, die Stadt zu sein, in der Gutenberg den Buchdruck mit beweglichen Lettern erfunden hat. Das wahrlich salomonische Urteil der Forschung lautet: In Straßburg wurde der Buchdruck *empfangen* und in Mainz *geboren*.

Doch von der Idee zur Umsetzung ist es ein weiter Weg. Erfindungen entstehen ja nicht von einer Sekunde auf die nächste, sondern befinden sich wochen-, monate- oder gar jahrelang im Hinterkopf des Erfinders. So könnte es bei Gutenberg auch gewesen sein. Ja, vielleicht hat er sogar schon, bevor er die Pilgerspiegel produzierte, darüber nachgedacht, wie sich die neuen Techniken, die er in Nürnberg und Straßburg gesehen hat, für die Herstellung von Büchern einsetzen lassen.

Da wir auch nach 600 Jahren nicht in den Kopf des Erfinders hineinsehen können, müssen wir uns an die wenigen Informationen halten, die wir aus dieser Zeit über ihn haben: Johannes Gutenberg war nach dem Verkauf der Wallfahrtsspiegel ein gutsituierter Mann. Dafür spricht, dass er 1441 als Bürge für einen großen Kredit in den Akten auftauchte. Man stufte ihn offenbar als vertrauenswürdig und vermögend ein. Falls der Kreditnehmer das Geld nämlich nicht zurückzahlte, haftete der Bürge für die Schulden.

Ein Jahr später nahm Gutenberg selbst einen Kredit über 80 Gulden auf, den er ohne Probleme vom Straßburger Thomasstift bekam. Der Kredit war nicht das Zeichen einer Notlage, sondern er war für eine neue geschäftliche Unternehmung gedacht, daran zweifelte niemand. Gutenberg zog jetzt von St. Arbogast in die Innenstadt von Straßburg, denn er konnte sich inzwischen eine teurere Wohnung leisten. Außerdem sorgten in dieser Zeit die *Armagnaken* für Angst und Schrecken. Es handelte sich dabei um ein großes Heer von unbeschäftigten und vor allem unbezahlten Söldnern, die sich ihre Beute selbst suchten und marodierend durch das Elsass zogen. Da schien es Johannes Gutenberg klug, sich in den Schutz der Straßburger Stadtmauer zu begeben.

*Die Brugger Mordnacht am 30. Juli 1444:
Darstellung des Überfalls der Armagnaken in der Bilderchronik
von Diebold Schilling dem Jüngeren (1513)*

Im Falle eines Angriffs musste jeder Straßburger Einwohner einen Beitrag für die Verteidigung leisten, auch wenn er nur ein Zugereister war wie Gutenberg. Gutenbergs Name taucht 1443 in einer Liste von *Constoflern*, also Patriziern auf: „Item Hanns Guttenberg 1/2 pfert."

Gutenberg sollte die Hälfte der Kosten für ein Pferd übernehmen. Das klingt nicht nach einem großen Beitrag, aber man kann ausrechnen, dass sich sein Vermögen damals auf 400 Straßburger Denare belief. Damit gehörte er zwar nicht zu den sehr reichen Bewohnern der Stadt, aber im Vergleich zu einem Handwerker stand er finanziell sehr gut da und hätte sich dafür vier Häuser in der Stadt kaufen können. Ein Jahr später wurde Gutenberg als Mitglied der Goldschmiedezunft als waffenfähiger Einwohner von Straßburg gelistet, allerdings kam es wohl nicht dazu, dass er kämpfen musste.

Denn höchstwahrscheinlich hatte Gutenberg keine Lust, für Straßburg sein Leben aufs Spiel zu setzen. Er hatte keine emotionale Bindung an die Stadt, dies war nicht seine Heimat und hier hatte er keine Familie. Außerdem wurde es angesichts der drohenden Angriffe durch die Armagnaken immer schwieriger, Geldgeber für seine neuen Pläne zu finden.

Aus dem Jahr 1444 stammt die letzte Nachricht, die wir von Gutenbergs Anwesenheit in Straßburg haben: Er zahlte seine Weinsteuer. Dann verließ er Straßburg, leider – für die Nachwelt – mit unbekanntem Ziel.

DIE BRISANTE VIER-JAHRES-LÜCKE

Nachweisbar ansässig ist Johannes Gutenberg dann erst wieder 1448 in Mainz. Wo aber hat er zwischen 1444 und 1448 gelebt und was hat er dort gemacht? Gutenberg-Biograf Andreas Venzke spricht von einer „brisanten Vier-Jahres-Lücke", denn es gibt die Theorie, Gutenberg habe diese Jahre in Haarlem verbracht und dort bei dem *wahren* Erfinder des Buchdruckes, Laurenz Janszoon Coster gearbeitet. Diesem habe Johannes Gutenberg ausgerechnet in der Weihnachtsnacht den ganzen Typenvorrat und alle Werkzeuge gestohlen und sich mit der Beute nach Mainz begeben, um dort die Buchdruckerkunst als eigene Erfindung auszugeben. Diese Geschichte ist längst widerlegt, aber sie führte dazu, dass viele Jahre ein erbitterter

Glaubenskrieg zwischen *Gutenbergianern* und *Costerianern* geführt wurde, glücklicherweise nur auf dem Papier. Nach einer anderen Theorie wurde der Buchdruck von dem Messerschmied Georg Waldvogel in Avignon erfunden, wieder eine andere sieht in Johannes Brito aus Brügge den Erfinder. Diese Geschichten haben sich deshalb so schön ausbreiten können, weil Gutenberg eben genau in dem Moment von der Bildfläche verschwand, als er die entscheidenden Entwicklungen der Buchdruckerkunst gemacht haben muss, so ist der Begriff „brisant" in Venskes Buch zu verstehen.

Aber warum machen wir nicht aus der Not eine Tugend? Ist es nicht sogar ganz einleuchtend, dass jemand genau dann nicht aufzufinden ist, wenn er gerade eine sensationelle Erfindung macht? Ist es nicht so, dass alle großen Denker und Erfinder in der Zeit, in der sie etwas Besonderes ausbrüten, nicht zu sprechen sind und ein „Bitte nicht stören"-Schild an ihre Büros hängen? Übertragen wir diesen Gedanken auf Johannes Gutenberg, so wirkt die „brisante Vier-Jahres-Lücke" gar nicht mehr so brisant.

Wenn sich nämlich die Frage nicht beantworten lässt, *wo* Gutenberg in den Jahren 1444 bis 1448 Jahren war, so können wir doch sagen *was* er gemacht hat. Denn wie könnte es anders sein, als dass er an seiner Erfindung weitergearbeitet hat? In Straßburg hatte er eine Gesellschaft gegründet, die ihm neue Unternehmungen erschließen sollte. Noch war daraus nichts Vorzeigbares entstanden, aber es gab auf jeden Fall neue Ideen und Pläne. Vier Jahre später in Mainz wird Gutenberg diese auch umsetzen. Kann man sich wirklich vorstellen, dass er vier Jahre lang alles auf Eis hatte liegen lassen? Sicherlich nicht!

Ob er versucht hat, neue Techniken und Geräte kennenzulernen oder solche in einer Werkstatt selbst erfunden hat, vielleicht gemeinsam mit Conrad Saspach, der interessanterweise ebenfalls 1444 aus Straßburg weggeht, wissen wir nicht. Aber eines ist klar: Gutenberg muss in diesen Jahren an seinem geheimen Werk weitergearbeitet haben.

Das einfachste wäre ja, Gutenberg schon vor 1448 in Mainz zu vermuten. Er könnte direkt von Straßburg in seine Heimatstadt gekommen sein und wurde dann nur eben nicht aktenkundig, bzw. es hat sich aus diesen Jahren nur keine Erwähnung bis heute erhalten.

Dagegen spricht, dass sich die politische Situation in Mainz nicht wesentlich gebessert hat. Es hatte einen Aufstand der Zünftler gegeben und die Rachtung vom Dezember 1444 sprach allein den Zünftlern das Recht zu, den Rat der Stadt zu besetzen. Damit waren die Patrizier in Mainz endgültig entmachtet. Wer von ihnen weiterhin dem Rat angehören wollte, musste einer Zunft beitreten. Wem das nicht passte, der durfte aber auch vier Jahre lang nicht auswandern, bevor er nicht seinen Anteil an den städtischen Schulden bezahlt hatte. Die beliefen sich auf etwa 370.000 Gulden. Zum Vergleich: In Mainz kostete ein großes Haus oder ein Hof 100 Gulden, und ein Haus im Umland 8 bis 10 Gulden. Es ist daher nicht verwunderlich, dass der Rat von Mainz 1446 darüber nachdachte, die Stadt komplett an Frankfurt zu verpfänden.

In dieser Zeit kam ein neuer Mann an die Spitze des Stadtrates, Dr. Konrad Humery. Er war etwa gleich alt wie Gutenberg und stammte aus einer vermögenden Kaufmannsfamilie. Obwohl Humery kein Patrizier war, haben die beiden Familien miteinander verkehrt, denn auch Gutenbergs Mutter entstammte ja dem Kaufmannsstand. Humery hatte in Köln und Erfurt studiert und wurde in Bologna im Kirchenrecht promoviert. In Mainz kämpft er nicht nur gegen die Patrizier, sondern auch gegen diejenigen reichen Zünftler im Stadtrat, die sich genauso wie die Patrizier benahmen. Nun wollte er eine neue Zeit in Mainz einläuten. So sorgte er dafür, dass die wichtigsten Verfassungsregeln der Stadt in einem *Friedebuch* in Mainz aufgezeichnet wurden.

Doch die Stadt hatte noch ein anderes Problem. Parallel zum Streit um den neuen Rat gab es Bestrebungen des Erzbischofs Dietrich I. Schenk von Erbach, die Stadt wieder unter das erzbischöfliche Regiment zu zwingen. Dietrich I. warf der Stadt vor, sie wolle freier sein, als es sogar die Römer gewesen seien, „fryer sein als die romer ye gewest". Weiter behauptete der Erzbischof, die Gerichtsbarkeit, das Recht des Geldwechsels und des Gewandschnitts habe er der Stadt nur vorübergehend verliehen und noch gehörten diese Privilegien ihm.

Die Situation in Mainz war also alles andere als übersichtlich. Und trotzdem wollte Gutenberg sich hier wieder niederlassen? Vielleicht hatte das damit zu tun, dass er in Straßburg hatte erleben können, wie gut es sich unter einem Zunftregiment leben ließ. Und vielleicht waren ihm seine geschäftlichen Unternehmungen inzwischen wichtiger als die patrizischen Privilegien.

Der Mainzer Eisenturm gehörte zur mittelalterlichen Stadtbefestigung und erhielt seinen Namen vom Eisenmarkt, der in der Nähe abgehalten wurde.

ZURÜCK IN MAINZ

Sicher ist, Gutenberg kam nach Mainz zurück, spätestens 1448. Anlass könnte der Tod seines Bruders Friele 1447 gewesen sein, denn damit wurde Johannes zum Oberhaupt der Familie, auch die Schwester war bereits gestorben. Warum Friele seinen Bruder nicht zum Vormund der Kinder eingesetzt hatte, wissen wir nicht, man könnte daraus ein tiefes Zerwürfnis der Brüder konstruieren, es könnte aber auch den einfachen Grund haben, dass Gutenberg vorher eben nicht in Mainz lebte.

Werfen wir einen Blick auf die Stadt, die ihren Sohn Johannes Gutenberg nach zwölf Jahren Abwesenheit wieder aufnahm. Mainz war noch immer ein Ort, an dem Reichs- und Fürstenversammlungen abgehalten wurden. In Mainzer Klöstern traf man sich für den Abschluss von Verträgen, Schiedsentscheidungen oder Belehnungen. Auch der Adel des Umlands besuchte Mainz regelmäßig. So schickte der Graf von Katzenelnbogen seine Boten in die Stadt, um einen mehrtägigen Aufenthalt für sich und sein Gefolge vorzubereiten. Dazu gehörte zum Beispiel der Auftrag, für das Einstellen von 90 Pferden zu sorgen. Denn der Graf übernahm großzügig die Herbergsrechnungen für alle Geschäftspartner, mit denen er sich in Mainz verabredet hatte. Jeden Tag empfing er andere Besucher, seine Rechnungen erzählen davon, wie gut er sie bewirten ließ.

Mainz war auch eine wichtige Informationsbörse, wo man nicht nur die wichtigsten Neuigkeiten aus der Reichspolitik erfahren konnte, sondern auch Klatsch und Gerüchte: „um zu erfarn, was geruchtis im Lande were [...] die märe und löufe zu Meintz".

Adligen Herren, die nach Mainz kamen, boten sich viele Möglichkeiten, ihr Geld auszugeben, wie die Historikerin Regina Schäfer beschreibt: Sie aßen und tranken in Wirthäusern, warfen Geldstücke in die Almosenkästen der Kirchen, sie ließen sich rasieren und sie kauften ein: Kunsthandwerk, Waffen, Schmiedekunst, einen neuen Hut, und natürlich haltbare Lebensmittel, die man gut transportieren konnte, dazu Bier und Wein. Viele Adlige besuchten auch die Klöster, mit denen ihre Familien verbunden waren. Hier deponierten sie Bargeld oder Wertsachen, planten noble Grabstätten oder stifteten Messen. Nicht zuletzt brachten sie hier ihre nachgeborenen Söhne und die Mädchen unter. Da es in Mainz viele Kirchen gab, und diese immer Geld für Verschönerungen hatten, ließen sich viele gute Handwerker und Künstler hier nieder. Ein Graf auf Besuch konnte in Frankfurt Glasscheiben für die Kapelle seiner Burg kaufen und sie in Mainz bemalen lassen. Die Mitglieder der Malerzunft wohnten und arbeiteten am Leichhof, hier kaufte der Graf von Katzenelnbogen ein neues Banner und ein Seidentuch mit Quasten für seinen Trompeter und er ließ es auch gleich nach seinen Vorstellungen bemalen. Auch das Wappentuch der Stadt Speyer war in Mainz hergestellt worden.

Bevor der Graf von Katzenelnbogen zum Turnier nach Bayern ritt, ließ er in Mainz seine Rüstung reinigen, man nannte das *fegen*, er kaufte eine neue Scheide für sein Schwert, dazu neue Filze, Riemen und natürlich ließ er sich Schilde malen, damit er in Landshut sein Wappen zeigen konnte. Seine Knappen bekamen neue Knielederhosen und der Graf selbst neue Stulpenstiefel. In Mainz konnte man auch – genauso gut wie in Nürnberg – Sättel, Steigbügel und Sporen kaufen.

Seit 1438 gab es in Mainz eine Turniergesellschaft, die nicht den Bürgern, sondern nur den Adligen offen stand. Dort waren so prominente Fürsten wie der Herzog von Jülich-Berg eingeschrieben. Ein Turnier war auch ein Heiratsmarkt, denn es war vorgeschrieben, dass jedes Mitglied zwei bis sechs Frauen zu dem Spektakel mitbringen musste.

Die Mainzer Goldschmiede waren so berühmt, dass schon König Ruprecht III. von der Pfalz Ende des 14. Jahrhunderts sein Siegel hier hatte fertigen lassen. Goldschmiede waren auch für Gutenbergs Unternehmung wichtig, ebenso wie metallverarbeitende Handwerker.

Aber Mainz bot auch für die Kochtöpfe der Reichen eine große Auswahl. Auf dem Markt gab es Obst und Gemüse, beliebt bei den adligen Besuchern waren Zwiebeln, Rettich, Knoblauch, Lorbeer, Honig, Senf, Feigen, Mandeln, Rosinen und Kirschen. Daneben wurde Reis aus der Po-Ebene angeboten, frische Fische, die man hier als „grün" bezeichnete, dazu Stockfisch, eingelegte Heringe, Butter, Öl, Fett, und eine besondere Specksorte, die man für die Herstellung von Pferdesalbe brauchte. Bekannt war Mainz auch für die Qualität seiner Seile für die Jagd und der guten Dochtgarne. Und natürlich wurden hier auch Schiffe gebaut. Johannes Gutenberg war zwar kein Adliger, aber er konnte die Vorzüge von Mainz trotzdem genießen, denn es ging ihm finanziell gut, soweit wir das wissen. Er bezog seine Renten, zahlte pünktlich die Zinsen für seinen Kredit in Straßburg und er trat als Bürge für andere Kredite auf, genoss also einen guten Ruf.

Leider wissen wir nicht genau, wo er in diesen Jahren gelebt hat. Lange Zeit vermutete man ihn im Hof *Zum Gutenberg*, da er dieses Anwesen geerbt haben müsste. Inzwischen wurde jedoch eine Quelle entdeckt, die zeigt, dass der Hof 1444 dem Pfalzgrafen Otto von Pfalz-Mosbach gehörte und daher müssen wir uns wohl nach einer anderen Wohnung für Gutenberg umsehen. Die wird aber höchstwahrscheinlich in der Nähe seines ehemaligen Familiensitzes gewesen sein. Denn Johannes Gutenberg zählte sich zur Elite der Stadt, er war gebildet, aktiv, ehrgeizig und er hatte Pläne. Dafür brauchte er Geld und das wiederum konnte ihm nur ein gutes Netzwerk verschaffen. Johannes Gutenberg hat sich daher nicht still und leise am Rande der Stadt niedergelassen, sondern er muss versucht haben, möglichst viele Kontakte mit einflussreichen und vermögenden Menschen anzuknüpfen. Er kam, wie Rüdiger Mai es formuliert, „als Eroberer" und dazu gehörte es, dass er sich an einer guten Adresse in der Innenstadt platzierte.

Bevor er jedoch daran denken konnte, an die richtig großen Financiers heranzutreten, musste er zuerst eine Werkstatt einrichten, um vorführen zu können, was er im Sinn hatte. Von dieser Unternehmung sollte zunächst niemand etwas wissen. Die erste Anleihe von 150 Gulden nahm er deshalb bei einem Verwandten auf, Arnold Gelthus. Den muss Gutenberg von dem Erfolg seiner Unternehmung so sehr überzeugt haben, dass Gelthus sich das Geld selbst lieh. Gutenberg sollte dafür die Zinsen zahlen, die auf seinen Verwandten zukämen:

„Auch stundt gegenwertigk hiebij Henn Genssefleisch, den man nennet Gutenbergk, und hait verjehen und bekandt fur sich und sein erben, das die vorgeschrieben anderthalb hundert gulden ime zu sind handen worden und in sinen nutzen und frommen komen sind und daz er die obgerurten achtehalben gulden jars da fon richten und bezahlen."

Bemerkenswert ist, dass Gelthus von Gutenberg keine Sicherheiten für das Darlehen forderte, obwohl er selbst seine Einkünfte aus mehreren Mainzer Häusern als Sicherheit für den Kredit verpfänden musste. Die Historiker haben sich darauf geeinigt: Seit 1448 betreibt Gutenberg in Mainz eine *Urdruckerei*. Wo diese war, ist nicht überliefert. Sie könnte im Hof *Zum*

Älteste bekannte Letter aus Metall, Korea, Goryo Dynastie (918–1392)

Gutenberg gewesen sein, auch wenn der Hof inzwischen verkauft war, denn die unteren Räume wurden immer noch für Gewerbe genutzt und Gutenberg könnte sie gepachtet haben.

Es kommt aber auch der Hof *Zum Humbrecht* in Frage, der ganz in der Nähe lag und in dem Gutenberg später definitiv druckte.

In der Urdruckerei muss Gutenberg seine Technik so weit entwickelt haben, dass er kleine Drucke anfertigen konnte, um damit Geldgeber zu überzeugen, in sein Unternehmen zu investieren.

Jetzt wurde es ernst. Doch bevor wir weiterverfolgen, wie Johannes Gutenberg den Buchdruck nun endlich ins Leben rief, werfen wir einen genaueren Blick auf seine Vorläufer.

Schon im 8. Jahrhundert kannte man den Holzdruck in China, Japan und Korea. Lange Zeit galt eine Schriftrolle mit buddhistischen Sprüchen, die auf Geheiß der japanischen Kaiserin Shotuku um 770 angefertigt wurde, als das älteste bekannte gedruckte Werk. Eine Million Exemplare wurden davon im Land verteilt und noch heute sind etwa 1.000 Schriftrollen erhalten.

Erst in den 60er-Jahren des 20. Jahrhunderts wurde ein noch älterer Holzdruck in der südkoreanischen Stadt Gyeongju entdeckt, auch dieser bestand aus buddhistischen Lehrsätzen.

Das hat alles noch nicht sehr viel mit dem zu tun, was Gutenberg später erfunden hat. Den Holzdruck und die zu einem Blockbuch zusammengefassten Seiten kannte er ja selber. Was er erfunden hat, war der Druck mit beweglichen Lettern. Doch auch diese Idee hat schon jemand vor ihm ausprobiert: Der Chinese Pi Sheng, der 1052 gestorben ist, hatte einzelne Schriftzeichen aus gebranntem Ton gefertigt, die er mit einer Mischung aus Wachs und Harz bestrich und auf eine Metallplatte klebte. Ein Zeitgenosse von Pi Sheng beschrieb, wie der Druck vor sich ging: „Um zu drucken, setzte er einen Eisenrahmen auf eine Eisenplatte und ordnete darin die Stempel an. War der Rahmen voll, dann ergab dies einen Druckstock, den er dann erhitzte, bis die Paste [an der Rückseite der Lettern] zu schmelzen begann. Mit einem Brett [...] ebnete er die Oberfläche des Druckstocks, damit sie glatt wurde wie geschliffen. Von jedem Schriftzeichen hatte er mehrere Stücke, und für häufig vorkommende zwanzig und mehr, um für Wiederholungen auf einer Seite gerüstet zu sein. Nicht benutzte Schriftzeichen etikettierte er und bewahrte sie in hölzernen Schachteln auf."

War der Text fertig gedruckt, erhitze Pi Sheng die Rückseite der Metallplatte von unten. Daraufhin schmolz die klebrige Wachs-Harzmischung und die Schriftzeichen konnten wieder herausgenommen und neu verwendet werden. Die Druckerwerkstatt von Pi Sheng – so könnte man einwenden – stellte die Lettern aus Ton her, nicht wie Gutenberg aus Metall. Aber selbst Metalllettern sind in Asien schon bekannt gewesen. In einer privaten Sammlung in Korea liegen vier metallene Schriftzeichen für den Druck mit beweglichen Lettern, die auf die Zeit um 1300 datiert werden.

Aber warum hat sich diese Technik dann nicht durchgesetzt und ist nicht von Asien nach Europa gedrungen? Es könnte daran liegen, dass die asiatischen Schriftzeichen für eine ganze Silbe oder sogar ein ganzes Wort stehen. Weil asiatische Schriften tausende von Schriftzeichen kennen, konnte man diese nicht in einer einzigen Druckerwerkstatt vorrätig halten. Immer wieder mussten einzelne Schriftzeichen neu geschnitzt werden.

Johannes Gutenberg hingegen kam im Prinzip mit 26 verschiedenen Buchstaben aus. Das war das erste Merkmal, mit dem sich seine Erfindung von den asiatischen Vorläufern unterschied. Das zweite war die Presse. Gutenberg war der erste, der mit Hilfe einer Presse druckte, schnell und effizient. Er setzte Maschinenkraft ein, um Menschenkraft zu unterstützen oder zu ersetzen.

Und es gab noch einen dritten Grund für die Durchsetzung des Gutenberg'schen Buchdruckverfahrens: Während die chinesischen und koreanischen Texte dazu gedacht waren, alte Weisheiten zu bewahren und zu verbreiten, wurde der europäische Buchdruck zum Wegbereiter einer Wissens-Revolution. Damit war Gutenberg, der ja die asiatischen Vorformen gar nicht kannte, der Mann, der die richtige Idee zur richtigen Zeit hatte.

DAS WERK DER BÜCHER

Johannes Gutenberg wollte keine neuartigen Bücher drucken, er hatte auch nicht den Plan, die Welt auf so rasante Weise zu verändern, wie es schließlich passiert ist. Sein Ziel war es, die Bücher, die es bereits auf dem Markt gab, auf neue Weise zu produzieren: schneller und preisgünstiger zwar, aber genauso schön wie gewohnt.

Er war mit dieser Idee nicht allein. Viele zerbrachen sich Mitte des 15. Jahrhunderts den Kopf darüber, wie man das Kopieren von Büchern vereinfachen und damit beschleunigen konnte. Der Hagenauer Buchhändler Diebolt Lauber beschäftigte Mitte des 15. Jahrhunderts eine ganze Reihe von Lohnschreibern, die nach Diktat arbeiteten, wie es auch in Klöstern bereits Brauch geworden war. Außerdem arbeitete Lauber mit einem festen Stab von Illustratoren und Buchbindern zusammen. So war er in der Lage, seinen Kunden, vor allem Adligen und reichen Bürgern, einen Katalog vorzulegen, aus dem sie sich ein Buch aussuchen und zeitgleich die Ausstattung des Werkes festlegen konnten: „Item welcher hand bücher man gerne hat, groß oder klein, geistlich oder weltlich, hübsch gemolt, die findet man alle by Diebolt Louber, schreiber in der burge zu Hagenaw."

Bücher aus der Werkstatt Laubers waren zwar meistens illustriert, aber nicht nach ästhetischen Gesichtspunkten gestaltet. Johannes Gutenberg besaß da einen ganz anderen Ehrgeiz: Seine gedruckten Bücher sollten mindestens so schön sein wie handgeschriebene Bücher. Wenn es aus Gutenbergs Sicht überhaupt einen Unterschied im Aussehen geben durfte, dann den, dass die gedruckten Bücher sich durch weniger Schreibfehler und ein gleichmäßigeres Schriftbild auszeichnen mussten. Diesen Ehrgeiz des großen Erfinders darf man nicht vergessen. Hätte Gutenberg nämlich kein exquisites Produkt angestrebt, dann hätte es wahrscheinlich viele nachlässig oder hastig hergestellte Druckerzeugnisse aus seiner Werkstatt gegeben. Doch die gibt es nicht. Gutenberg wollte von Anfang an Texte drucken, die so perfekt wie möglich aussahen. Daher musste er das, was vorher ein Schreiber allein machte, in einzelne Arbeitsschritte unterteilen und da, wo es ging, Menschen durch ein Gerät oder eine Maschine ersetzen, die präziser arbeiten konnte als die menschliche Hand.

Diese Arbeitsweise war nicht völlig neu. Im metallverarbeitenden Gewerbe waren Maschinen schon länger im Einsatz. Gutenberg musste dieses Prinzip *nur* auf die Herstellung von Büchern übertragen.

Dafür musste er alles neu erfinden, jedes Gerät, jeden Handgriff. Er war ein kluger, kreativer Geist, er arbeitete schnell, aber nicht übereilt. Er durchdachte die Dinge in Ruhe und sicherlich experimentierte er monatelang herum, bevor er mit dem Ergebnis zufrieden war. Denn die Technik des Buchdrucks, die wir Gutenberg verdanken, war von Beginn an so ausgefeilt, dass es einige Jahrzehnte dauerte, bis sie weiter verfeinert wurde. Gutenberg hatte wirklich an alles gedacht. Und nicht zu vergessen: Er hat Spezialisten um sich versammelt, die mit ihm gemeinsam die Erfindungen realisiert haben. Auch wenn Gutenberg der Kopf des Unternehmens war, so war er auf das Know-how und die Geschicklichkeit von extrem guten Handwerkern angewiesen.

Nachdem Gutenberg die grundlegende Idee des Buchdrucks mit der Presse entwickelt hatte, musste er die wichtigsten technischen Probleme lösen:

Wie sollte er die Lettern herstellen, mit denen er drucken wollte?

Wie konnte er diese Lettern zu Sätzen, Zeilen und ganzen Seiten so zusammenfügen, dass er sie zwar drucken, dann aber schnell wieder auseinandernehmen und neu zusammenstellen konnte?

Mit welcher Farbe konnte er beidseitig drucken?

Wie musste eine Presse beschaffen sein, die mit Lettern auf Papier oder Pergament drucken würde, ohne dass die Farbe herunterlaufen würde?

Bevor wir uns die einzelnen Geräte vor Augen führen, müssen wir uns klarmachen, dass wir leider keinen einzigen der von Johannes Gutenberg benutzten Gegenstände heute im Original besitzen. Alles, was die Forschung über die Technik Gutenbergs herausgefunden hat, stammt aus zwei Quellen: Zum einen aus der Beschaffenheit der von Gutenberg gedruckten Texte, die uns zwar nur das Ergebnis des Prozesses zeigen, jedoch Rückschlüsse auf die

Art der Geräte erlauben. Zum anderen gibt es bildliche Darstellungen von Druckerwerkstätten, die allerdings erst hundert Jahre nach Gutenberg entstanden sind. In Kombination mit den gedruckten Texten machen sie aber ebenfalls Aussagen über die Ausstattung der ersten Druckerwerkstatt möglich.

STAHLSTEMPEL UND HANDGIESSGERÄT

Welches wird wohl das erste Gerät in der Kette von Gutenbergs Erfindungen gewesen sein? Wir wissen es nicht, aber es ist sinnvoll, sich die Dinge in der Reihenfolge anzuschauen, in der sie benutzt wurden.

Als erstes mussten die Lettern hergestellt werden, das war zeitlich gesehen, auch der höchste Aufwand. Gutenberg musste jeden Buchstaben des Alphabets je nach seinem Vorkommen zigmal herstellen. Nehmen wir an, er brauchte den Buchstaben „e" etwa hundertmal. Dann musste jede dieser Lettern identisch sein. Und: Auch alle anderen Buchstaben des Alphabets, die Satzzeichen und Abkürzungen mussten so beschaffen sein, dass sie nebeneinandergestellt ein einheitliches Schriftbild ergaben. Die Lettern mussten also gleiche oder wenigstens harmonisch wirkende Abstände zueinander aufweisen. Und sie mussten dieselbe Höhe haben, damit die Sätze, Zeilen und Seiten eine ebene Druckfläche ergaben. Schaut man sich Gutenbergs späteren Bibeldruck an, sieht man, dass ihm das auch perfekt gelungen ist. Die Herstellung der Lettern musste also auf eine extrem präzise Art und Weise vor sich gehen. Gutenberg ließ sich dafür von einem Goldschmied oder Graveur einen Stahlstempel anfertigen, der auf seiner Spitze einen einzigen Buchstaben als – seitenverkehrtes – Relief trug, sagen wir ein „G". Dieser Stempel wird *Patrize* genannt. Die Patrize wurde in ein weicheres Metall, z. B. in Kupfer gedrückt, bzw. geschlagen. Dadurch entstand eine Vertiefung, eine – seitenrichtige – Hohlform des Buchstaben „G", die sogenannte *Matrize*. Das ist die Gussform für die Metalllettern. Doch Gutenberg brauchte ja nicht nur die Form des Buchstabens als Körper, sondern dieser Buchstabe musste auf einem Sockel sitzen, der für alle Lettern die exakt gleiche Höhe hatte und für einen harmonischen Abstand zwischen den Buchstaben sorg-

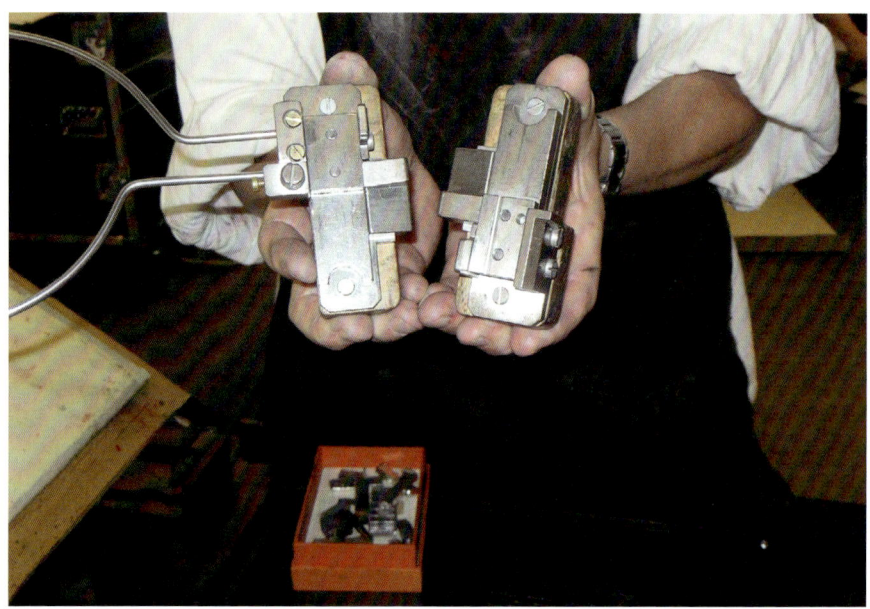

Mit dem Handgießgerät konnte Gutenberg perfekt und schnell die Lettern herstellen, Rekonstruktion aus dem Gutenberg-Museum.

te. Dafür kam das *Handgießgerät* zum Einsatz, es ist sorgfältig rekonstruiert worden und deshalb können wir uns heute vorstellen, wie es ausgesehen hat.

Vom Prinzip her war es ein Holzkasten von der Größe eines halben Schuhkartons. Der Kasten bestand aus zwei Teilen, die leicht geöffnet und ebenso leicht fest miteinander verbunden werden konnten. In das Innere des Kastens wurde das *Gießbett* für den Sockel der Letter und dazu die seitenrichtige Matrize des Buchstaben „G" eingelegt. Jetzt füllte man das geschmolzene Metall über einen dünnen Gießkanal ein. Die Legierung aus Blei, Zinn und Antimon schmolz bei ca. 300 Grad und erkaltete in Sekundenschnelle. Man konnte das Gerät sofort öffnen und der Buchstabe „G" fiel heraus.

Nun brauchte man nur noch den *Angusszapfen* abzuschlagen und die Stelle darunter zu glätten.

Die eigentliche Letter trug oben den – seitenverkehrten – Buchstaben, der Körper darunter war dazu da, den Buchstaben greifen und setzen zu können und natürlich um die Höhe einzuhalten und den richtigen Abstand zum nächsten Buchstaben zu bilden. Mit dem Handgießgerät konnte man in kürzester Zeit sehr viele identische Lettern gießen und die brauchte Gutenberg, weil immer ganze Seiten gedruckt wurden und später auch mehrere Seiten gleichzeitig gesetzt wurden. Womit wir beim nächsten Problem wären: Wie sollte man die Buchstaben so gut nebeneinander fixieren, dass man sie zuerst drucken, im nächsten Moment aber schon wieder auseinandernehmen und neu zusammenzustellen konnte?

98 | JOHANNES GUTENBERG

Winkelhaken aus Holz, wie Gutenberg ihn benutzt haben könnte,
Rekonstruktion aus dem Gutenberg-Museum.
Darunter: Moderner Winkelhaken aus Metall und
Setzschiff mit fertiger Textspalte.

WINKELHAKEN UND SETZSCHIFF

Für das Setzen des Textes entwickelte Gutenberg mehrere technische Geräte, die bis in die Moderne benutzt wurden. Das eine war der Winkelhaken.

Er war aus Holz und besaß die Form eines breiten Lineals, das an einer langen und einer kurzen Seite einen erhöhten Rand aufwies, den eigentlichen Winkel. Von diesem Winkel ausgehend legte man die Lettern nacheinander in die Schiene, und zwar von rechts nach links und auf dem Kopf stehend. Denn erst der Druck machte aus den seitenverkehrten, umgekehrten Buchstaben einen lesbaren Text.

Meistens passten zwei bis drei Zeilen auf einen Winkelhaken. War er voll, wurde er *ausgehoben* und in das sogenannte *Setzschiff* geschoben. Das war eine Art Tablett mit drei erhöhten Rändern und einer offenen Seite, an der man die Zeilen hinein- und wieder hinausschieben konnte.

Sobald eine Spalte fertig war, wurde sie mit einer Schnur umwickelt und zum Korrekturlesen ein sogenannter *Bürstenabzug* erstellt. Der Satz wurde leicht eingefärbt, ein Blatt Papier darübergelegt, und durch abklopfen mit einer Bürste der Probeabzug gedruckt. Man las den Text, korrigierte Fehler und erst danach wurde der Satz zusammen mit einer zweiten Spalte zu einer ganzen Seite *umgebrochen*. Damit die Seite voll wurde, brauchte man Blindmaterial, das nicht gedruckt wurde, aber die Zeilen schloss. Auch diese Seite wurde Korrektur gelesen und erst dann mit der Presse gedruckt.

Mit den Druckerballen wurde der Satz eingefärbt.

FARBE UND DRUCKERBALLEN

Druckerschwärze bestand im Wesentlichen aus Ruß und Firnis und musste nicht neu erfunden werden, da man schon für den Druck von Kupferstichen schwarze, haltbare Farbe entwickelt hatte. Gutenberg musste die Mischung jetzt nur so verändern, dass sie nicht auf der Rückseite des Blattes durchschien, denn er wollte von Anfang an beidseitig drucken. Wichtig war es auch, der Farbe die fettenden Harzrückstände zu entziehen, damit die Schrift mit der Zeit nicht am Rand gelblich auslief, ein Problem, mit dem sich noch viele Drucker nach Gutenberg herumschlugen.

Aufgetragen wurde die Farbe mit den *Druckerballen*. Sie bestanden aus einem Holzgriff, der mittig auf einer konkav gewölbten Holzscheibe steckte, darüber wurde ein Stück Leder sehr stramm aufgenagelt und der Zwischenraum mit Wolle oder Rosshaar zugestopft. Die *Ballenmeister* tauchten die Druckerballen in die Farbe, rieben sie gegeneinander, damit sich die Farbe gleichmäßig verteilte und trugen sie dann mit kreisenden Bewegungen auf, so dass der Satz gut gefärbt war, die Zwischenräume aber frei blieben. Für das Leder der Ballen nahm man Schaf- oder Kalbsleder. Dass Druckerballen auch aus Hundeleder gefertigt worden seien, ist eine oft wiederholte, aber für Gutenbergs Werkstatt nicht belegte Information. Hintergrund ist die Tatsache, dass Hunde keine Poren in der Haut haben (deshalb schwitzen sie über die Zunge) und dadurch nicht so viel Farbe ins Leder einziehen konnte.

Rekonstruktion einer Gutenbergschen Buchdruckpresse: Mit dem Pressbengel wird die Spindel nach unten bewegt und das Papier auf den Satz gepresst.

DIE DRUCKERPRESSE

Die *Druckerpresse* funktionierte im Prinzip wie jede andere Spindelpresse, die man für die Herstellung von Öl oder Wein schon seit der Antike benutzte. Mittels eines *Pressbengels* wurde eine Spindel nach unten bewegt, die wiederum einen *Tiegel* auf die Trauben oder eben das Papier presste. Spindelpressen hatten nur ein Problem: Sie übertrugen das Drehmoment der Spindel auf den Tiegel. Das konnte Gutenberg für den Buchdruck nicht gebrauchen, denn dadurch wäre die Schrift verwischt. Deshalb ließ Gutenberg den Tiegel nicht direkt an der Spindel befestigen, sondern an einem rechteckigen Kasten, der sogenannten *Büchse*, die sich zwar hob und senkte, sich aber nicht drehte.

Unter dem Tiegel stand ein Tisch, auf dem Satz und Papier lagen. Ob es Gutenberg selbst war oder ob erst die Drucker nach ihm den praktischen *Schlitten* erfanden, mit dem beides unter den Tiegel geschoben und wieder herausgezogen werden konnte, wissen wir nicht. Die rekonstruierten Pressen im Mainzer Gutenberg-Museum besitzen diesen Schlitten, der aus drei Teilen besteht: In den ersten wurde der Satz eingelegt. Auf dem zweiten, dem sogenannten Deckel, der sich durch ein Scharnier auf den Satz herunterklappen ließ, wurde das Blatt Papier auf sehr feine Nadeln *aufgestochen*. Man hatte es zur besseren Aufnahme der Farbe leicht befeuchtet, und es gehörte zu den schwierigsten Aufgaben im ganzen Druckprozess, das Papier in den richtigen Feuchtegrad zu versetzen. An den Deckel mit dem Papier schloss sich, wiederum mit einem Scharnier verbunden, ein *Rahmen* an. Dieser wurde zuerst heruntergeklappt, um das Papier festzuhalten und dafür zu sorgen, dass der Rand und die Mitte des Blattes zwischen den Spalten sauber blieben.

Beim Drucken passierte nun folgendes: Der Rahmen wurde über das Papier, das Papier mit Rahmen über den Satz geklappt, beides mit dem Schlitten unter den Tiegel geschoben, der Tiegel durch Bewegung des Druckbengels und der Spindel nach unten gedrückt, wieder gehoben, der Schlitten fuhr wieder aus, der Rahmen und Deckel wurden ausgeklappt, das Papier vorsichtig abgenommen und zum Trocknen aufgehängt. Einige Stunden später legte man alle Blätter ordentlich aufeinander, damit sie gleichmäßig zu Ende trockneten.

Das Drucken ließ sich – anders als bei einem weichen Holzschnitt – mehrere hundert Male ohne Qualitätseinbuße mit denselben Lettern wiederholen. Erst dann zeigten sich Abnutzungserscheinungen.

So ungefähr hat Gutenbergs Urdruckerei gearbeitet. Die Forschung benutzt auch den Begriff *Offizin* dafür, womit spätmittelalterliche Werkstätten gemeint sind, die oftmals auch einen Verkaufsraum hatten.

Im Juni 1451 kehrte Konrad Saspach, der die Druckpresse gebaut hatte, nach Straßburg zurück, die Presse war also zu diesem Zeitpunkt einsatzbereit.

GUTENBERGS ERSTE DRUCKE

Welches Buch hat Johannes Gutenberg zuerst gedruckt, nachdem die Technik soweit ausgefeilt war, dass er beginnen konnte? Diese Frage hat die Gutenbergforscher vor ein schwieriges Rätsel gestellt, denn leider hat der erste Drucker seine Bücher und Texte weder datiert noch signiert oder auf irgendeine andere Weise kenntlich gemacht, dass sie aus seiner Werkstatt stammten. Warum auch? Er war ja damals nicht nur der erste, sondern auch der einzige Drucker und sah keinen Grund dafür, seinen Namen auf einem Vorsatzblatt oder am Ende des Textes zu hinterlassen. Da es aber, wie wir sehen werden, nach ein paar Jahren bereits eine zweite Druckwerkstatt in Mainz gab, ist es wichtig, die Produkte beider Offizine auseinanderzuhalten. Dafür gibt es mehrere Möglichkeiten: Da ist zum einen der Typenvergleich, also die Unterscheidung der Lettern. Wenn man erst einmal weiß, welcher Drucker mit welchen Typen gearbeitet hat, fällt die Unterscheidung nicht schwer.

Auch das Wasserzeichen auf dem Papier kann Hinweise geben, allerdings sind die oft problematisch, wenn die Druckereien, die man unterscheiden will, auf dieselben Papiermühlen angewiesen waren.

Eine Art *Fingerabdruck* im übertragenen Sinn könnte auch die Druckerschwärze liefern. Jeder Drucker hat die Farbe – das vermuten die Wissenschaftler jedenfalls – auf seine ganz eigene Weise gemischt. Mit dem Verfahren der Röntgenfluoreszensanalyse könnte man daher einzelne Drucker voneinander unterscheiden.

Buchdruck mit Presse, Darstellung aus dem 16. Jahrhundert.
Während rechts der Satz eingefärbt wird, nimmt ein zweiter Druckknecht
das Papier ab. Ganz links der Rahmen, der – heruntergeklappt –
die Ränder des Papiers vor Verschmutzung schützt.

Ähnlich ist es mit dem persönlichen Stil der Drucker, den man an ihrer Rechtschreibung, der Benutzung von Satzzeichen und anderen Eigenheiten beim Satz erkennen kann. Hier hat die Forschung auch bereits einige Erkenntnisse gesammelt.

Insgesamt können wir uns daher ein ganz gutes Bild von dem machen, was Gutenberg zuerst gedruckt hat. Und was dabei auffällt: Er hat Texte gewählt, mit denen er auch schnell Geld verdienen konnte.

Da ist zum einen die lateinische Grammatik *Ars Minor* von Aelius Donatus, die er ja selbst als Schüler benutzte, ein Buch, das sehr gefragt war. Bis 1468 gab es mindestens 24 Auflagen des gedruckten *Donats*, wie man ihn in der Kurzform nennt, die natürlich nicht alle aus Gutenbergs Werkstatt stammen, die aber zeigen, wie beliebt das Buch war. Es bestand aus 28 Seiten und wurde auf Pergament gedruckt, da es durch viele Schülerhände gehen und sehr haltbar sein musste. Die Schrift, mit der Gutenberg den Donat druckte, wird heute *Donat-Kalender-Type* oder *DK-Type* genannt, weil er damit auch Kalenderblätter druckte.

Kalender waren im Mittelalter sehr beliebt und es gab verschiedene davon: Der *Aderlass-Laxierkalender* enthielt Empfehlungen, an welchen Tagen es astrologisch günstig sei, Abführmittel einzunehmen oder Aderlässe vornehmen zu lassen. Auch um den richtigen Tag für chirurgische Eingriffe oder die Einnahme von Medikamenten zu finden, nutzte man diesen Kalender. Fragmente eines Astronomischen Kalenders von 1457 sind ebenfalls erhalten und werden Gutenberg zugeordnet. Dieser Kalender bestand aus sechs Blättern, die von den Käufern zusammengeklebt werden mussten. Dann konnten sie damit Horoskope erstellen.

Der erste Kalender aus der Werkstatt von Johannes Gutenberg, den wir exakt datieren können, ist der sogenannte Türkenkalender, eine Schrift mit dem Titel *Eyn manung der cristenheit widder die durken.*

Anlass für diese Schrift war die Eroberung Konstantinopels durch die Osmanen 1453, mit der das christliche Byzantinische Reich untergegangen war. Der Fall Konstantinopels wurde in Westeuropa als horrende Katastrophe beschrieben. Damit wurde die Angst geschürt, die muslimischen Eroberer könnten weiter nach Westen vordringen. Schnell wurde der Ruf laut, man müsse die Osmanen, bzw. die Türken so schnell wie möglich zurückschlagen. Papst Nikolaus V. rief sogar zu einem Kreuzzug gegen sie auf.

Die Bayerische Staatsbibliothek in München bewahrt in ihrem Bestand den einzigen Türkenkalender auf, der bis heute erhalten ist. Das Büchlein umfasst neun Seiten und fordert die Christen dazu auf, sich den Türken entgegenzustellen. Jeder Monat ist einem anderen christlichen Herrscher gewidmet. Der Türkenkalender ist noch nicht ganz so perfekt wie spätere Drucksachen Gutenbergs, die Buchstaben stehen nicht ganz in der Reihe, die Schwarzfärbung ist ungleich und rechtsbündig ist der Text auch noch nicht. Auffällig ist auch, dass bestimmte Großbuchstaben durch Kleinbuchstaben ersetzt wurden. Daher wissen wir, dass der verwendete Typensatz der Donat-Kalender-Type ursprünglich nicht für deutsche, sondern nur für lateinische Texte gedacht war, denn dort wurden viele Großbuchstaben wie K, W, X, Y, Z nicht benutzt.

Da der Türkenkalender sich auf Gegenangriffe bezieht, die 1454 auf dem Frankfurter Reichstag bekannt wurden, wird seine Entstehung auf 1454 datiert.

Wie genau sieht die erste Schrift, die Gutenberg herstellen ließ, die *Donat-Kalender-Type* aus?

Sie gehört in die Familie der *Textura-Schriften*. Textura bedeutet so viel wie *Gewebe*. Und tatsächlich scheinen die Buchstaben dieser Schrift an den Ecken miteinander verwoben zu sein, weshalb auch der Name Gitterschrift für die Textura bekannt ist. Die sehr gerade, etwas steif wirkende Schrift wurde im 11. Jahrhundert entwickelt, hatte jedoch im 15. Jahrhundert schon ihre Blüte hinter sich und war in den meisten Handschriften längst durch rundere Schriften wie die *Bastarden* und *Antiqua* verdrängt. Textura wurde eigentlich nur noch in liturgischen Büchern für den Gottesdienst benutzt, wo sie dann sehr groß erscheint, damit das Buch in der Kirche auch bei schlechten Lichtverhältnissen und aus einiger Entfernung noch lesbar war. Dass Johannes Gutenberg ausgerechnet diese Schrift als seine erste hat schneiden lassen, spricht dafür, dass er vielleicht schon den Bibeldruck im Hinterkopf hatte und mit dieser Schrift vorher vielleicht noch etwas üben und ihre Wirkung ausprobieren wollte.

Forscher haben bei der Untersuchung der ersten Drucke mit den Donat-Kalender-Typen erkannt, dass die Lettern noch nicht dieselbe Höhe hatten, Gutenberg muss daher das Gießinstrument überarbeitet haben, denn er konnte diesen Fehler in späteren Drucken ausmerzen.

Die Textura-Schrift hat ihren Namen vom lateinischen Wort „Gewebe", Briefmarke aus dem Jahr 2000.

Zu den ersten Produkten Gutenbergs gehörten im Jahr 1454 auch Ablassbriefe, die für den Unternehmer besonders interessant waren, denn sie wurden in hoher Stückzahl bestellt und garantiert abgenommen. Es handelt sich dabei um die sogenannten Zyprischen Ablassbriefe. Sie sind nach dem König von Zypern, Johann II. benannt, der Geld für die Verteidigung gegen die Türken brauchte. Papst Nikolaus V. gab ihm die Erlaubnis, dieses Geld durch Ablassbriefe einzunehmen. Wer also einen Zyprischen Ablassbrief kaufte, hatte zweimal gewonnen, er gab Geld für die militärische Verteidigung des Abendlandes aus, und er bekam mildere Strafen für seine Sünden, musste also ein paar hundert Jahre weniger im Fegefeuer schmoren. Paulinus Chappe, der Gesandte des Königs, ließ bei Gutenberg die wertvollen Papiere drucken, in die nur noch die jeweiligen Namen der Käufer und das Datum von Hand eingetragen wurden. Damit war der Ablassbrief so etwas wie eine Quittung. Zwei solcher Ablassbriefe, die in Braunschweig und Goslar ausgefüllt wurden, liegen heute in der Bibliothek von Wolfenbüttel. Der früheste bekannte stammt vom 22. 12. 1454.

Wie bekam der Gesandte aus Zypern Kontakt zu Gutenberg in Mainz? Wahrscheinlich durch den Reichstag von 1454 in Frankfurt, einem von drei sogenannten *Türkenreichstagen*, auf denen der Gesandte des Papstes, Enea Silvio Piccolomini versucht, die Fürsten zum Kreuzzug gegen die Türken aufzurufen. Gutenberg druckt auch die sogenannte Türkenbulle, in der Papst Calixtus III. am 29. Juni 1455 die Menschen zur Teilnahme oder wenigstens zur finanziellen Unterstützung eines Kreuzzuges aufrief. Gutenberg war auf jeden Fall 1454 auf dem Frankfurter Reichstag anwesend, wie wir später sehen werden.

Zu den ersten Büchern, die Gutenberg druckte, gehörte auch die *Sibyllenweissagung*. Der Text war schon als Handschrift sehr verbreitet und wurde gedruckt zu einem richtigen Bestseller, denn allein im 15. und 16. Jahrhundert gab es 34 Ausgaben. Worum geht es? Eine Sibylle ist eine Prophetin, die unaufgefordert die Zukunft weissagt. Ihre Prophezeiungen sind meistens doppeldeutig, oft auch in Form eines Rätsels formuliert. Die Verfasser dieser Texte sind nicht bekannt, sie spielen sich aber gerne als Moralapostel auf und kritisieren die Oberflächlichkeit und Falschheit der Menschen.

Das kleine zehnzeilige Fragment der Sybillenweissagung, das heute im Gutenberg-Museum ausgestellt ist, gilt als eines der allerersten Drucke aus

Gutenbergs Werkstatt und damit als eines der ersten gedruckten Werke überhaupt. Dass es erhalten ist, verdanken wir einem glücklichen Zufall. Denn diese Texte wurden später, als sie niemanden mehr interessierten, wertlos. Wegen des wertvollen Rohstoffes Papier warf man sie aber nicht weg, sondern verarbeitete die Blätter in neuen Büchern, indem man sie zur Verstärkung der Einbände benutzte. Man könnte das eine Frühform des Recyclings nennen.

Gutenberg druckte auch die Sybillenweissagung mit der Donat-Kalendertype, denn auch hier fehlen bestimmte große Buchstaben.

Leider gibt es keine Aufzeichnungen über Abrechnungen, Verkaufszahlen und Preise der ersten gedruckten Bücher und Texte. Natürlich waren auch die gedruckten Bücher nicht billig. Die Kunden Gutenbergs waren wohlsituierte Leute, reiche Bürger, Adlige, Geistliche und Humanisten. Einer der ersten Kunden könnte Nicolaus Cusanus gewesen sein. Gutenberg und er haben sich wie erwähnt wahrscheinlich um 1424 in Mainz kennengelernt. Cusanus studierte in Heidelberg und Padua. Er war Theologe, Philosoph, Mathematiker und schon zu Lebzeiten eine Legende, ein hochangesehener Gelehrter, der 1448 zum Kardinal ernannt wurde. Sein Interesse an antiken Ideen und Texten war wie bei allen Humanisten extrem groß und sein Spürsinn half ihm dabei, wertvolle Schätze zu entdecken. Cusanus wusste, womit Gutenberg sich beschäftigte und war begeistert. Aber trotz der Unterstützung einflussreicher Persönlichkeiten wurde der Buchdruck nicht auf die Schnelle zu einem einträglichen Geschäft. Johannes Gutenberg brauchte deshalb ein Produkt, das alles Bisherige auf dem Buchmarkt in den Schatten stellte. Ein Buch, das seine Offizin auf einen Schlag adelte, weil es bewies, wie genial und leistungsfähig seine Erfindung war. Welches Buch sollte das sein? Johannes Gutenberg musste zu den Sternen greifen. Und genau das tat er: Er wählte die Bibel.

IM ANFANG WAR DER BUCHSTABE

Gutenbergs Entscheidung, mit dem ersten umfangreichen Druckerzeugnis gleich sein Meisterwerk vorzulegen, kaum dass die Erfindung zur Reife gelangt war, erzählt uns etwas wichtiges über seine Persönlichkeit: Nicht kleckern, sondern klotzen, war seine Devise. Nicht bescheiden im abgeschiedenen Winkel arbeiten, sondern selbstbewusst ins Sonnenlicht treten. Was konnte erhabener und aufsehenerregender sein, als das Buch der Bücher zu drucken? Es gab aus damaliger Sicht kein wichtigeres Buch auf der Welt. Manche Kleriker behaupteten zwar, niemand außer ihnen sollte das Wort Gottes lesen, weil sie sonst vieles falsch verstehen würden, aber im 15. Jahrhundert hatten sich viele unter den Reichen und Gebildeten längst dazu entschlossen, eine eigene Bibel besitzen zu wollen.

Die Bibel war aber nicht nur das berühmteste und in den Augen der Christen wertvollste Buch, es war auch eines der umfangreichsten. Jetzt musste Gutenberg zeigen, was er konnte. Was er bisher gedruckt hatte, umfasste höchstens 30 Seiten. Wenn ihm der Bibeldruck gelang, konnte er danach alles drucken, was er wollte. So variierte er den ersten Satz des Alten Testaments auf seine Weise: Im Anfang war der Buchstabe!

Wer groß rauskommen will, muss groß denken. Eine Gutenberg-Bibel misst etwa 41 x 30 Zentimeter, das entspricht ungefähr dem heutigen DIN-A3-Format. Das bedeutete, Gutenberg brauchte Unmengen von Lettern und Pergament – oder Papiervorräten, denn er druckte schließlich 180 Bibeln. Auch wenn diese Zahl vielleicht nicht unbedingt von Anfang an feststand, war klar: Dies hier war ein Unternehmen, das Investitionen in Millionenhöhe verschlingen würde, wollte man es in heutigen Dimensionen ausdrücken. Johannes Gutenberg musste einen Finanzplan aufstellen. Er brauchte Geldgeber, eine große Werkstatt, Gerätschaften und etwa 20 sehr gute Handwerker, die sich die neue Technik aneignen mussten. Viele von ihnen waren zunächst gar keine ausgebildeten Handwerker, sondern Schreiber und andere Leute, die ein Studium absolviert hatten. Sie waren keine unwissenden Angestellten, sondern sie machten Gutenbergs Vision zu ihrer eigenen und mussten sich dafür von ihm in die Handwerkskunst, die man später die *Schwarze Kunst* nennen wird, einarbeiten lassen. Sie dachten mit, verbesserten die Abläufe und begeisterten sich für das Unternehmen. So war es auch schon in Straßburg gewesen, aber diesmal wollte Gutenberg die Handwerker nicht zu Geschäftspartnern machen. Er musste dafür sorgen, dass sie alle irgendwo wohnen, essen, und schlafen konnten und natürlich einen ordentlichen Lohn bekamen.

1450 nahm Johannes Gutenberg einen Kredit von 800 Gulden bei dem Mainzer Unternehmer Johannes Fust auf. Davon hätte man in der Innenstadt von Mainz acht große Häuser kaufen können. Fust stammte aus einer wohlhabenden Familie, sein Vater war Ratsmitglied, sein Bruder Bürgermeister. Er selbst gehörte zur Goldschmiedezunft und betätigte sich daneben als Kaufmann und *Fürsprech*, also Anwalt. Die 800 Gulden musste sich Fust selbst leihen, und zwei Jahre später, im Jahr 1452, steckte er noch einmal 800 Gulden in Gutenbergs Unternehmen. Diesmal bestand er darauf, Gesellschafter zu werden, Teilhaber am „werck der bucher [...] werck zu irer beider nocz".

Der Investor Fust hatte das Potenzial von Gutenbergs Erfindung offenbar schnell erkannt. Wahrscheinlich sorgte er deshalb dafür, dass auch sein Ziehsohn Peter Schöffer in das Unternehmen eintrat. Schöffer wurde 1425 in Gernsheim geboren, studierte 1444 in Erfurt, ging dann nach Paris, wo er als Schreiber und Kalligraph arbeitete, kam nach Mainz, wo er die Unterstützung durch Johannes Fust fand, dessen Tochter Christina er später heiratete. Schöffer ging bei Gutenberg in die Lehre, er war der ideale Mitarbeiter, denn er brachte gute Schriftkenntnisse und ein besonderes Gefühl für die Ästhetik des Schriftsatzes mit. Außerdem war er – genauso wie Gutenberg – ein Perfektionist.

DAS MEISTERWERK: DIE GUTENBERG-BIBEL

Gutenbergs erste Bibel wird heute mit dem Kurznamen *B 42* bezeichnet, weil ihre Seiten – bis auf wenige Ausnahmen – 42 Textzeilen aufweisen. Die B 42 ist ein Werk der Superlative und gilt heute bei vielen Experten als das schönste gedruckte Buch überhaupt, was nicht zuletzt daran liegt, dass die Gutenberg-Bibeln sich besonders gut erhalten haben. Das wiederum ist eine Folge der sorgfältigen Produktion, und wenn man sie betrachtet, kann man sich vorstellen, was es für eine enorme Anstrengung gewesen sein muss, ein solches Mammutwerk mit dieser Perfektion herzustellen.

Die B 42 ist auf Latein verfasst und folgt dem Text einer Bibel, die aus Paris stammt und damals sehr verbreitet war. Gutenberg druckte sie in zwei Bänden mit jeweils 648 und 634 Seiten, weil ein einziger Band zu dick geworden wäre. Wie es auch bei Handschriften üblich war, lieferte Gutenbergs Offizin nur den Text, und zwar als ungebundener Blätterstapel. Die Ausstattung des Textes mit Illustrationen und das Binden der Seiten wurde in den Werkstätten von Buchmalern durchgeführt, und zwar ganz individuell nach den Vorstellungen und den finanziellen Möglichkeiten der jeweiligen Besitzer. Deshalb ist jede B 42 ein Unikat. Gutenberg sorgte lediglich dafür, dass die Setzer im Text bestimmte Stellen frei ließen, wo dann z. B. ein kunstvoll gestalteter Anfangsbuchstabe eines neuen Kapitels seinen Platz fand. Gutenberg hatte außerdem vor, einige Kapitelanfänge in roter Schrift zu drucken. Doch der Aufwand für die Setzer war zu groß, daher ließ er die Idee fallen, ließ auch für die roten Buchstaben freie Stellen und lieferte mit jeder seiner Bibeln die *Tabula rubricarum* mit, eine Tafel, die angab, welche Texte in roter Schrift eingefügt werden sollten. Das *Rubrizieren* muss eine knifflige Aufgabe gewesen sein, wenn man bedenkt, dass die ersten gedruckten Bücher noch keine Seitenzahlen hatten. Die roten Kapitelanfänge waren so wichtig, weil es noch keine Überschriften oder Inhaltsverzeichnisse gab. Von der Rubrizierung leitet sich unser modernes Wort *Rubrik* ab.

In der Rohfassung der B 42 gab es keine leeren Seiten, die komplett ausgemalt werden mussten, wie in anderen Ausgaben. Damit rangierte die B 42 in einer oberen, aber nicht in der höchsten Preisklasse, was ihren Absatz fördern sollte. Wichtiger als die kostbare Ausgestaltung war Gutenberg die

Lesbarkeit des Textes. Viele seiner Bibeln wurden auch tatsächlich als Vorlesebücher genutzt. Das lag vor allem an den großen, gut lesbaren Buchstaben der Textura-Schrift, die Gutenberg für die B 42 schneiden und gießen ließ.

Wir kennen ihren Stil bereits aus seinen anderen Werken, sie präsentierte den Text als geschlossenes, einheitliches Bild und Gutenberg versah die Typen zusätzlich mit kleinen Häkchen, welche die einzelnen Buchstaben miteinander verbanden.

Gutenberg brauchte für den Text der B 42 etwa 290 verschiedene Zeichen. Dazu gehörten 47 Großbuchstaben und 63 Kleinbuchstaben, die sich z. B. durch die Sockelbreite unterschieden, womit man die Abstände zwischen den Buchstaben variieren konnte. Außerdem ließ Gutenberg noch 92 Abkürzungen schneiden. So konnte er häufig benutzte Silben wie zum Beispiel die Endung „us", durch einem Kringel ähnlich der „9" ersetzen. Daneben gab es noch 83 Ligaturen, also ineinander verschlungene Buchstaben (wie d und e), die ebenfalls Platz sparten. Und zuletzt wurden 5 Satzzeichen benötigt.

Abkürzungen und Ligaturen waren ein Erbe der Handschriften. Ein Schreiber konnte gegen Ende einer Zeile die Wörter nicht mehr nach links verschieben, wenn er merkte, dass ihm der Platz für das letzte Wort knapp wurde, deshalb benutzte er Ligaturen oder Abkürzungen. Trotzdem war es den Schreibern nicht möglich, einen so perfekten Blocksatz zu gestalten, wie es der Drucker konnte. Man sieht das daran, dass die Schreiber, welche die Rubrizierungen in der B 42 anfertigten, oft über den Rand hinaus schrieben. Ein Setzer konnte – und das zeigt die B 42 auf besonders perfekte Weise – Buchstaben so lange austauschen, bis der rechte Rand einer Textkolumne perfekt gerade war.

Der Satzspiegel einer B 42 beträgt 19,5 x 29 Zentimeter, das ist der Platz, den der Text einnimmt, auf Vorder- und Rückseite identisch. Der Text ist in zwei Spalten gegliedert, die im Blocksatz stehen. Um so eine Seite zu setzen, brauchte man ungefähr 2.600 Lettern. Da jeder Setzer gleichzeitig drei Seiten in Arbeit hatte – eine, die er setzte, eine im Druck und eine, die gerade aus der Presse kam, brauchte er also 7.800 Zeichen. Forschungen an der B 42 haben gezeigt, dass Gutenberg zunächst mit zwei Setzern arbeitete, dann mit vier und zuletzt mit sechs. Geht man davon aus, dass Gutenberg schließlich drei Pressen parallel betrieb, erhöhte sich der Bedarf an Metalllettern auf bis zu 47.000.

IM ANFANG WAR DER BUCHSTABE | 115

Gutenberg-Bibel, Anfang vom Buch Genesis

Die Lettern mussten Millimetergenau graviert, geschlagen und gegossen werden, damit sie ein harmonisch wirkendes Schriftbild auf dem Papier schufen, auf dem die Buchstaben nicht tanzten.

Allein die Herstellung der Matrizen dürfte ein Jahr gedauert haben. Ein guter Handwerker konnte dann etwa 1.500 bis 2.000 Lettern am Tag gießen. Im Mittelalter gab es viele Feiertage, so dass man davon ausgehen kann, dass etwa eineinhalb bis zwei Jahre ins Land gingen, bis die Lettern für den Druck der B 42 fertig waren.

Gutenberg probierte mit Sicherheit jede Letter in einem Probedruck aus, er überließ nichts dem Zufall und duldete keine Schlamperei.

PERGAMENT ODER PAPIER?

Bibeln mussten eigentlich auf Pergament gedruckt werden, den wertvollsten Untergrund für einen Text. Aber woher sollte Gutenberg eine solche Menge Pergament bekommen, das ja aus Tierhäuten gefertigt wurde und ziemlich teuer war? Er entschied, nur ein Drittel der Bibeln auf Pergament zu drucken, den Rest auf hochwertigem Papier, das aus Italien stammte. Gedruckt wurde beidseitig auf ganze Bogen, auf die immer zwei Seiten passten.

Zu besonders betriebsamen Zeiten musste es in Gutenbergs Druckerei hoch hergegangen sein. Die Bibelwerkstatt vermutet man heute im *Humbrechthof*, der in der Nähe des Hofes *Zum Gutenberg* lag und heute nicht mehr existiert. Dort arbeiteten mehrere Setzer an den Texten, während jeweils zwei weitere Männer die Presse bedienten: Der eine legte das Papier ein, der andere betätigte den Druckbengel, mit dem die Spindel auf Papier und Satz gepresst wurde. Dann nahm ein Knecht den Bogen vorsichtig aus dem Schlitten und hängte ihn zum Trocknen auf, damit man später seine Rückseite bedrucken konnte. Die Korrektoren, die den Satz auf Fehler lasen, mussten Latein perfekt beherrschen und sich auch mit Bibeltexten auskennen, ebenso wie die Setzer. Pro Werkstatt brauchte Gutenberg also etwa acht bis zehn Leute, wobei die Graveure für die Patrizen und die Gießer für die Lettern noch gar nicht mitgerechnet sind.

Gutenberg wählte seine Leute sehr sorgfältig aus, es gab keine Lehrlinge und Meister, sie waren alle Pioniere. Wer bereits Erfahrung mit Kupferstich, Holzschnitt oder Tuchdruck gesammelt hatte, war besonders willkommen.

Ebenso wie die handgeschriebenen Bibeln enthielten die Exemplare der B 42 keine Herstellernachweise oder Erscheinungsdaten. Man geht davon aus, dass der gesamte Prozess der Herstellung von 180 gedruckten Bibeln der B 42 etwa zwei bis drei Jahre dauerte, also etwa so lang wie ein Schreiber brauchte, um drei Bibeln zu kopieren.

Das Ergebnis konnte sich sehen lassen. Für ungeübte Augen ist der Unterschied zwischen einer gedruckten und einer handgeschriebenen Bibel allerdings kaum zu erkennen und das war ja auch Gutenbergs Ziel. 49 erhaltene Exemplare wurden inzwischen als Gutenbergs B 42 identifiziert, leider liegen die wenigsten davon vollständig in beiden Bänden vor. 1987 wurde eine Gutenberg-Bibel für 9,75 Millionen DM verkauft, nie zuvor ist mehr für ein gedrucktes Buch bezahlt worden.

Viele der B 42-Exemplare sind besonders kunstvoll illuminiert. Die Anfänge neuer Kapitel sind schön gestaltet, die Initialen groß und farbig gearbeitet. Auch die Seitenränder wurden bemalt, besonders beliebt war das Motiv der *Akanthusranke*, denn sie stand symbolisch für das Leben und man konnte mit ihr Tier- und Pflanzendarstellungen gut verweben.

Gutenberg hat während des laufenden Drucks der B 42 nachgebessert: Auf den ersten Seiten der ersten Exemplare zählt man noch 40 oder 41 Zeilen. Dann wurde Gutenberg klar, wie viel Papier er sparen konnte, wenn er die Zeilenzahl auf 42 erhöhte.

Auch beim Verkauf der Bibeln zeigte sich Gutenberg modern und erfinderisch. Er präsentierte sein Spitzenprodukt nämlich 1454 auf dem Reichstag in Frankfurt. Dort zeigte er den Neugierigen nur ein paar Seiten, damit sie ein Exemplar der B 42 bei ihm reservierten. Schon im Frühling 1455 waren alle Bibeln verkauft oder vorbestellt. Davon berichtet ein verlässlicher Zeitzeuge, Enea Silvio Piccolomini, der damalige Sekretär des deutschen Kaisers, der später als Papst Pius II. in Rom residierte. Piccolomini hatte den Reichstag in Frankfurt 1454 auf Weisung des Kaisers besucht und schrieb darüber an den Kardinal Juan de Carvajal am 12. März 1455:

„Über jenen bewundernswerten Mann, den ich in Frankfurt gesehen hatte, ist mir nichts Falsches geschrieben worden. Vollständige Bibeln sah ich keine sondern einige Quinternen [5 Doppelblätter], verschiedener Bücher [Bücher der Bibel] mit sauberen, äußerst korrekten und an keiner Stelle fehlerhaften Buchstaben, die Euer Hochwürden ohne Mühe und ohne Brille lesen könnte. Ich erfuhr von mehreren Augenzeugen, dass hundertachtundfünfzig Bände vollendet worden seien, mögen auch manche behaupten, es seien hundertachtzig. Über die genaue Anzahl bin ich mir nicht im Klaren. Wenn man den Leuten glauben darf, zweifle ich nicht an der Vollendung der Bände. Hätte ich Deinen Wunsch gekannt, so hätte ich zweifelsohne einen Band gekauft. Einige Quinternen wurden hier auch dem Kaiser übergeben. Wenn es möglich ist, werde ich versuchen, mir irgendeine käufliche Bibel hierher bringen zu lassen, und ich werde sie für Euch erwerben. Nur fürchte ich, dass dies wegen der Entfernung nicht gehen wird, und auch deswegen nicht, weil es – so wird erzählt – fest entschlossene Käufer gegeben habe, noch ehe die Bände fertig gestellt wurden. Daß Euer Hochwürden den dringenden Wunsch gehegt hat, Gewissheit in dieser Angelegenheit zu erlangen, schließe ich aus der Tatsache, dass Ihr mir dies durch einen Kurier mitgeteilt habt, der schneller war als Pegasus. Doch nun genug der Scherze."

Sicher kann man davon ausgehen, dass Gutenberg selbst nach Frankfurt gereist war, um seine Bibeln anzupreisen. Der „bewundernswerte Mann" muss Gutenberg höchstpersönlich gewesen sein. Er wollte zum einen die Bibeln zeigen und verkaufen. Zum anderen könnte er Folgeaufträge eingeholt haben, denn er wollte ja nach dem Druck der B 42 nicht mit der Arbeit aufhören. Die Forschung geht davon aus, dass die B 42 zwischen Oktober 1454 und Frühjahr 1455 fertig gestellt war. Mit 180 verkauften oder reservierten Bibeln hatte Gutenberg ein phantastisches Geschäft gemacht. Er hätte jetzt ein sehr reicher Mann sein können. Aber es kam anders.

DAS ENDE EINER GESCHÄFTSBEZIEHUNG

Schon bevor die letzten Seiten der 180. Bibel aus der Druckerpresse genommen wurden, hatten sich Johannes Gutenberg und Johannes Fust so endgültig miteinander überworfen, dass ihr gemeinsames Unternehmen am Ende war. Über diesen Streit ist viel gerätselt worden, und aus den spärlichen Quellen wurden so abenteuerliche Schlüsse gezogen, dass man ganze Romane darüber schreiben könnte. Johannes Fust erhielt dabei meistens die Rolle des Schurken, während Johannes Gutenberg als deutscher Held den Part des übervorteilten naiven Genius spielen durfte. Beides ist falsch.

Beginnen wir mit den Fakten: Die kennen wir aus einem einzigen Dokument. Es trägt den umständlichen Namen *Helmaspergersches Notariatsinstrument*. Dahinter verbirgt sich die Niederschrift einer Urkunde, die der Notar Ulrich Helmasperger anfertigte. Er war Kleriker des Bistums Bamberg und arbeitete als kaiserlicher Notar und geschworener öffentlicher Schreiber am erzbischöflichen Gericht zu Mainz. Helmasperger bezeugte mit der Urkunde einen Eid, den Johannes Fust am 6. November 1455 abgelegt hatte. Zum Glück für die Nachwelt hat der Notar den vorangegangenen Rechtsstreit zwischen Fust und Gutenberg wenigstens in groben Zügen zusammengefasst, so dass wir eine Vorstellung von dieser wichtigen Angelegenheit bekommen. Für die Geschichte Gutenbergs markiert sie eine entscheidende Wende, denn sie führte nicht nur zum Ende des Gemeinschaftsunternehmens Gutenberg/Fust, sondern sorgte auch dafür, dass der finanzielle Erfolg Gutenbergs, den er aus der Bibelproduktion eigentlich hätte ziehen müssen, ausblieb.

Notar Helmasperger berichtet zunächst über eine Klage, die Johannes Fust gegen seinen Geschäftspartner Johannes Gutenberg angestrengt habe: Fust behauptete, er habe Gutenberg eine Summe von 800 Gulden zu 6 Prozent Zinsen geliehen, „domit er das werck volnbrengen solt", um also ein bestimmtes Projekt durchzuführen, offenbar den Druck der B 42. Fust habe sich dieses Geld selbst geliehen und dafür Zinsen gezahlt. Später habe er noch einmal 800 Gulden an Gutenberg gezahlt. Da Gutenberg weder die beiden Darlehen noch die Zinsen zurückzahlte, habe Fust sich schließlich sogar Geld leihen müssen, um die Zinsen für beide Kredite aufbringen zu können. Kurz und gut: Fust forderte von Gutenberg insgesamt 2.020 Gulden unverzüglich zurück.

Gutenberg stellte seine Auffassung dagegen, wie der Notar weiter ausführte: Er gab zu, sich 800 Gulden bei Fust geliehen zu haben. Diese seien aber nicht für das Werk der Bücher gedacht gewesen, sondern für die Anschaffung und Herstellung von Werkzeugen und Geräten, die Gutenberg zur freien Verfügung stehen und gleichzeitig als Sicherheit für den Kredit dienen sollten. Daher habe Fust auch auf die Zinsen verzichtet. Gutenberg gab ebenfalls zu, dass Fust ihm noch ein weiteres Mal – zinslos – 800 Gulden geliehen habe. Dieses Geld sei eine Geschäftseinlage gewesen und Fust sei dadurch Teilhaber an der Offizin geworden. Über dieses Geld wolle Gutenberg gerne Rechenschaft ablegen. Man habe vereinbart, so fügte er an, im Falle einer Auflösung der Gemeinschaft müsse er nur den ersten Kredit zurückzahlen, nicht aber die Geschäftseinlage. Und zuletzt merkte Gutenberg noch an, Fust habe ihm die ersten 800 Gulden gar nicht komplett ausgezahlt.

Die Tendenz beider Auffassungen ist klar: Fust versuchte, alles Geld, das er investiert hatte, als Kredit darzustellen, damit er auch alles zurückfordern konnte. Er hoffte, Gutenberg damit so weit zu schröpfen, dass der die verpfändete Ausrüstung herausgeben musste. Dann hätte Fust seine eigene Werkstatt und könnte selbst eine Druckerei betreiben.

Gutenberg hingegen beharrte darauf, er müsse nur die ersten 800 Gulden zurückzahlen. Damit habe er die Gerätschaften abgelöst, weil sie nicht Teil der Geschäftseinlage waren. Mit der zweiten Zahlung – so Gutenbergs Auffassung – sei Fust Miteigentümer der Gesellschaft geworden und damit auch Miteigentümer der Schulden, welche die Offizin (bei ihm selbst) hatte. Dagegen konnte Fust einwenden, er hafte nicht für Schulden, die die Gesellschaft vor seinem Eintritt gemacht habe.

Leider berichtet Helmasperger an dieser Stelle nicht weiter, was die beiden Kontrahenten auf die Entgegnung des jeweils anderen geantwortet haben. Immerhin überliefert er, wie der Richter entschieden hat: Er folgte Gutenbergs Behauptung, es habe einen Kredit und eine Geschäftseinlage gegeben. Beide Summen sollten jetzt zusammengerechnet werden, davon sollte Gutenberg abziehen, was er an Betriebsausgaben für das Werk der Bücher benutzt hatte. Sollte dieser Betrag dann niedriger als 800 Gulden sein, dann sollte er mehr als 800 Gulden an Fust zurückzahlen. Andernfalls sei die Summe der Rückzahlung kleiner. Fust sollte nun beschwören, dass er sich das Geld für den Kredit auch wirklich geliehen habe, und dann sollte Gutenberg diesen Kredit auch mit Zinsen zurückzahlen.

Fust schwor also am 6. November 1455: Er habe Gutenberg 1.550 Gulden geliehen, davon waren 750 als Kredit gedacht, der Rest machte ihn zum Teilhaber. Johannes Fust wich damit von seiner ersten Darstellung ab und gab zu, in zwei Punkten zuvor nicht die Wahrheit gesagt zu haben: Erstens hatte er den Kredit von 800 Gulden nicht komplett gezahlt. Zweitens war auch aus seiner Sicht ein Teil des Geldes eine Geschäftseinlage. Jetzt änderte Fust seine Taktik und brachte einen neuen Anklagepunkt vor: Gutenberg habe das gemeinsame Geld veruntreut, denn er habe es nicht nur für die verabredete Unternehmung eingesetzt, sondern er habe damit auch eigene Projekte finanziert. Und jetzt wollte Fust alles, was nicht für das gemeinsame Geschäft genutzt worden war, zurückhaben, und die Zinsen dazu.

Johannes Gutenberg, so wird aus dem Schriftstück deutlich, hatte auch nicht über alles korrekt Auskunft gegeben. Tatsächlich hatte er einen Teil der Gelder vom Gemeinschaftsunternehmen in eigene Geschäfte gesteckt, weil er neben der B 42 noch andere Texte gedruckt hatte. Man kann das nachvollziehen, denn es dauerte ja eine Weile, bis Geld für die Bibeln hereinkam. Aber da Gutenberg den Geschäftspartner nicht an seinen anderen Gewinnen beteiligt hatte, musste er damit rechnen, dass dieser sich übervorteilt fühlte. Vielleicht hatte Gutenberg sich aber auch gedacht: Wer wollte beweisen, wohin genau Fusts Geld gegangen war?

Beide Parteien versuchten, ihren Vorteil zu sichern. Fust wollte Gutenberg hohe Schulden zuschieben und dafür die Werkstatt kassieren. Gutenberg wollte nur den Kredit zurückzahlen, damit die Werkstatt und alle Geräte auslösen und danach die Offizin alleine weiterführen.

Das Gericht forderte Gutenberg dazu auf, eine Abrechnung über seine Kosten und Einnahmen vorzulegen. Vorher konnte das Gericht keinen konkreten Urteilsspruch fällen. Und an diesem Punkt versiegt unsere

Informationsquelle leider, mehr berichtet uns das Helmaspergersche Notariatsinstrument nicht. Wie die Sache ausgegangen ist, haben die Forscher mühselig – und durchaus nicht einhellig – aus dem geschlossen, wie Fust und Gutenberg weitergearbeitet haben. Man schätzt, dass Gutenberg zwischen 1.000 und 1.250 Gulden an Fust gezahlt hat. Außerdem musste er Fust einen Teil der Bibeln abgeben und dazu auch Typenmaterial und eine oder zwei Druckerpressen. Sicher bekam Fust nicht alles, aber offenbar doch so viel, dass er gleich darauf seine eigene Druckerei eröffnete, die er mit seinem Schützling Peter Schöffer, der bald auch sein Schwiegersohn wurde, gemeinsam führte. Da diese Druckerei schon kurz darauf ein großes Werk druckte, muss der dafür verwendete Typensatz noch in der gemeinsamen Werkstatt von Gutenberg und Fust entstanden sein.

Mit dem Abstand von Jahrhunderten fragt man sich: Warum hat Johannes Gutenberg nicht einfach den Kredit von 750 Gulden an Fust zurückbezahlt und damit seine Ruhe gehabt? Durchlitt Gutenberg vielleicht einen finanziellen Engpass, weil die Bibeln noch lange nicht alle bezahlt waren? Oder hatte er mit den ersten Einkünften schon Material für neue Projekte eingekauft, neue Typen anfertigen lassen, so dass er einfach nicht flüssig war? Oder forderten vielleicht andere Gläubiger ihr Geld von ihm? Als Unternehmer konnte Gutenberg Fust offenbar nicht auszahlen, sonst hätte er sich bestimmt nicht so viel wegnehmen lassen, dass Fust damit gleich eine eigene Werkstatt führen konnte. Als Privatmann hingegen war Gutenberg definitiv nicht bankrott, denn noch zahlte er brav die Schulden für seinen Straßburger Kredit ab. Das war auch wichtig, damit seine Straßburger Rente nicht gepfändet würde.

Und noch eine andere Frage steht im Raum: Warum hat Johannes Fust diesen finanziell schwierigen Moment gewählt, um Gutenberg zu verklagen? Sie befanden sich in der Schlussphase der Bibelproduktion, also in einer Zeit, die hohe Kosten, aber noch keinen Einnahmen brachte. War Fust wütend, weil er merkte, dass Gutenberg neben der B 42 andere Aufträge annahm? Weil er die Mitarbeiter, die auch mit Fusts Geld bezahlt wurden, für eigene Geschäfte einsetzte? Weil er vielleicht Sorge hatte, dass die B 42 nicht schnell genug fertig wurde? Oder wollte Fust den Geschäftspartner genau in dem Moment treffen, in dem er selbst den größten Vorteil daraus ziehen könnte, weil er sich mit der Ausbeute selbstständig machen konnte? Vielleicht hatte Fust von Anfang an geplant, mit Schöffer eine eigene Druckerei zu führen, falls Gutenberg den Kredit nicht zurückzahlen konnte. Anteile an den Geräten hatte er ja und das Know-how brachte Schöffer mit. Gutenberg hätte nämlich gut warten können, bis die Zahlungen für die Bibeln eingetroffen waren, um dann Fust in Ruhe auszubezahlen. Dann hätte Fust nichts von der Werkstatt gehabt.

Eine ganz andere Möglichkeit, diese Vorgänge zu erklären, soll hier zumindest erwähnt werden: Es muss gar nicht sein, dass sich der Konflikt zwischen Fust und Gutenberg mit rationalen Gründen erklären lässt. Historiker suchen zwar immer nach plausiblen, gut begründeten Entscheidungen, wenn sie die Handlungen ihrer Protagonisten nachvollziehen wollen, aber wie die Geschichte uns lehrt, hörten und hören Menschen nicht unbedingt auf die Stimme der Vernunft. Die Feindschaft zwischen den beiden Geschäftspartnern könnte auch ganz banale, persönliche Gründe haben.

Dass Fust und Gutenberg schon seit 1454 getrennte Wege gingen, schließt man heute aus der Existenz von zwei verschiedenen Ausgaben des zyprischen Ablassbriefes. Der Text ist in beiden Versionen identisch, aber der Satz weicht voneinander ab. Die Forschung schreibt den 31-zeiligen Ablassbrief Johannes Gutenberg zu und den 30-zeiligen Johannes Fust. Dass beide Druckwerke in zwei getrennt voneinander arbeitenden Werkstätten entstanden sind, ist anzunehmen.

Johannes Fust und Peter Schöffer eröffneten ihre eigene Druckerei im Mainzer Humbrechtshof und brachten bereits 1457 ihr erstes monumentales Werk auf den Markt, den Mainzer Psalter. Sie haben von der Geschäftsauflösung profitiert und sind aus dem Streit mit einer gut ausgerüsteten Werkstatt hervorgegangen. Nicht zuletzt verfügten sie über einen schönen neuen Typensatz, der noch unter Gutenbergs Leitung hergestellt worden sein muss. Die Offizin von Schöffer und Fust sorgte mit ihrem ersten Werk gleich für eine Sensation, denn sie produzierte den ersten Mehrfarbendruck der Geschichte. Das Buch wurde in schwarz, rot und blau in einem Durchgang gedruckt. Dafür wurden die Buchstaben, die farbig erscheinen sollten, aus dem Satz genommen, eingefärbt und wieder eingesetzt. Das war mit Sicherheit der Initiative von Peter Schöffer zu verdanken, er hatte früher Handschriften kopiert und verstand sich mehr als Künstler, denn als Handwerker. Möglicherweise hatte er schon mit Gutenberg darüber diskutiert und versucht, ihn dazu zu überreden, mit mehreren Farben zu drucken. Doch Gutenberg beharrte wahrscheinlich auf seinem Standpunkt, diese Technik würde zu viel Geld und Zeit verschlingen. Fust und Schöffer bewiesen jetzt mit ihrem phantastischen Werk, dass sich der Aufwand allemal lohnte.

Der *Mainzer Psalter*, offiziell heißt er *Psalterium Moguntinum,* von Johannes Fust und Peter Schöffer ist zweifellos ein Meisterwerk. Es gehört heute zu den schönsten *Inkunabeln*, die wir kennen. Dieser Begriff, der sich von dem Wort *incunabula* herleitet, was übersetzt Windeln, Wiege oder Ursprung bedeutet, bezeichnet alle mit beweglichen Lettern gedruckten Werke, die nach der B 42 und vor dem Jahr 1500 entstanden sind, die sogenannten *Wiegendrucke*.

Ein Psalter wird im Gottesdienst eingesetzt, er enthält Lieder, Gebete, Psalmen, Totengedenken. Die Schrift musste groß sein, damit die Sänger sie vom Chor aus einiger Entfernung lesen konnten. Fust und Schöffer ließen für dieses 340 Seiten starke Buch noch mehr Lettern schneiden als für die B 42. Bis heute sind 13 Exemplare erhalten, alle auf Pergament.

Fust und Schöffer waren auch die ersten Drucker, die ein sogenanntes *Kolophon* am Ende des Textes einfügten. Das griechische Wort bedeutet so viel wie Gipfel, Spitze, Schluss. Es ist eine Nachschrift, in der die Drucker genannt werden: „Vorliegendes Psalmenbuch [...] ist durch die kunstvolle Erfindung des Druckens und Buchstabenformens ohne jede Anwendung eines Schreibrohrs so gestaltet und zum Preise Gottes mit solcher Sorgfalt fertiggestellt worden durch Johannes Fust, Bürger zu Mainz, und Peter Schöffer aus Gernsheim im Jahre des Herrn 1457, am Vortag von Mariae Himmelfahrt."

Das Kolophon ist auf Latein verfasst, deshalb heißt die Kunst des Druckens dort *ars imprimendi ac caracteriandi*. Für den Begriff des Buchdrucks, der hier zum ersten Mal verwendet wird, haben die beiden auf ein Wort zurückgegriffen, das man in der Antike für das Prägen von Münzen benutzte. Das englische Verb *print* leitet sich davon ab, ebenso das französische *imprimer* und das deutsche Wort für Druckvermerk, *Impressum*. Der zweite Begriff aus dem Kolophon, *caracteriandi* bezieht sich auf das Schneiden der Buchstaben.

Worüber das Kolophon völlig schweigt, ist Gutenbergs Anteil an dem Psalter. Er hatte ja nicht nur die Kunst des Buchdrucks erfunden, sondern

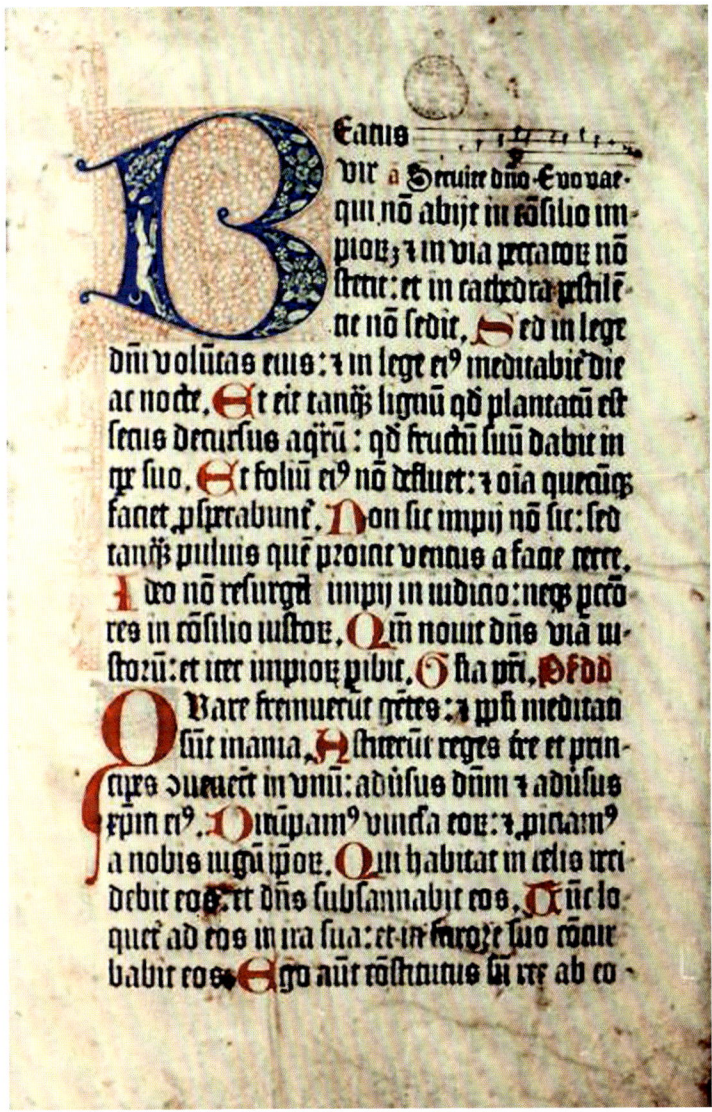

Mainzer Psalter von 1457, gedruckt von Fust & Schöffer

JOHANNES GUTENBERG

„Kolophon", Nachschrift aus dem Mainzer Psalter, in der sich Fust und Schöffer selbst als Drucker nennen.

die Lettern sind auch in der gemeinsamen Werkstatt hergestellt worden. Gutenberg-Biograph Rüdiger Mai sieht in dem Kolophon von Fust und Schöffer eine Fehde-Erklärung, ja sogar die geplante Vernichtung von Gutenbergs Offizin. Dafür spricht, dass der Sohn von Peter Schöffer seinen Vater als den ersten Drucker bezeichnet hat und damit die Geschichte der Erfindung bewusst verfälschen wollte.

Dagegen könnte man einwenden: Haben die Menschen des 15. Jahrhunderts wirklich so gedacht? Konnte man Gutenberg damit treffen, wenn man seinen Anteil als Erfinder überging? Oder ist das ein moderner Gedanke, der sich aus modernem Ehrgeiz speist?

Eine Antwort auf diese Frage liefert vielleicht ein Blick auf Gutenbergs weiteres Schaffen. Was ist ihm nach dem Rechtsstreit mit Fust geblieben? Wahrscheinlich die allererste Presse und die Donat-Kalender-Typen. Was mit den Typen der B 42 passierte, ist bis heute unbekannt, denn sie wurden weder von Gutenberg noch von Fust jemals wieder benutzt. Erst nach dem Tod von Gutenberg tauchen sie wieder auf.

Die Forschung geht davon aus, dass Johannes Gutenberg mit mindestens einer Presse weiter druckte. Mit seiner ersten Donat-Kalender-Type druckte er eine Zeitlang weiterhin lukrative Massenware. Weil er seinen Namen nicht nannte, werden ihm von der Forschung all die Mainzer Druckwerke zugeschlagen, die nachweislich nicht von Fust und Schöffer stammen.

Auch seine Angestellten sind bei ihm geblieben, sie haben ihn sogar in dem Gerichtsprozess gegen Fust mit Zeugenaussagen unterstützt. Erinnern wir uns an dieser Stelle daran, dass Gutenberg kein griesgrämiger Eigenbrötler war, sondern ein Mann, der andere Menschen für seine Ideen gewinnen und begeistern konnte. Man kann sich daher nicht vorstellen, dass er nach dem Prozess, aus dem er geschwächt hervorging, resigniert aufgegeben haben sollte. Im Gegenteil: Gutenberg war weder ruiniert, noch verzweifelt. Als bekannter und geachteter Mainzer Bürger pflegte er Kontakt mit Gelehrten und hohen Geistlichen. 1457 trat er im Juli als Zeuge für einen Vertrag auf, den das St.-Viktor-Stift abschloss. Er besaß also nach wie vor einen vertrauenswürdigen Ruf.

Vor allem: Er war sich dessen bewusst, was er geleistet hatte. Er hatte die Kunst des Buchdrucks erfunden und zur Reife gebracht. Das wussten nicht nur die Menschen in Mainz, es sprach sich weit herum, und so kamen in den nächsten Jahren viele Menschen nach Mainz, um von Johannes Gutenberg die Technik des Buchdrucks zu erlernen. Dass er in Fust und Schöffer sogleich Konkurrenz bekommen hatte, kann ihm nicht gleichgültig gewesen sein, aber seine Reaktion beweist Gewitztheit und Humor: Gutenberg sorgte jetzt nämlich dafür, dass es bald noch viel mehr Drucker gab. Denn nun, da die Kunst des Druckens bekannt war, machte es keinen Sinn mehr, Geheimhaltung zu üben. Also bildete Gutenberg zahlreiche Schüler in diesem Handwerk aus, die dann in anderen Städten eigene Offizine aufbauten. Sogar der französische König Karl VII. schickte seinen Stempelschneider nach Mainz, damit er sich von Gutenberg unterweisen ließ. Und auf diese Weise war dann auch für Fust und Schöffer das Monopol, auf das sie vielleicht spekuliert hatten, verloren.

Der erste Drucker außerhalb von Mainz war Albrecht Pfister in Bamberg. Schon Ende der 1450er-Jahre richtete er sich eine Werkstatt ein. 1460 erschien dort die B 36, also eine 36-zeilige Bibel. Obwohl die B 36 kein Kolophon hat, kann man sie Bamberg zuordnen, weil das Wasserzeichen des verwendeten Papiers sich sonst nur in Bamberger Büchern findet. Die Typen sind jedoch die uns gut bekannten Donat-Kalender-Typen, sie kommen also aus Mainz. Da sie dort zu diesem Zeitpunkt nicht mehr verwendet werden, wohl aber später noch in Bamberg, nimmt man an, Gutenberg habe sie nach Bamberg verkauft. Da Pfister zur Zeit des Drucks der B 36 noch als Sekretär des Bamberger Bischofs Georg I. von Schaumburg arbeitete, kann er die Arbeiten an der B 36 aber nicht selbst beaufsichtigt oder gar mit Hand angelegt haben. Wer aber dann hat die Arbeiten ausgeführt, geplant, koordiniert und überwacht? Vielleicht war es Johannes Gutenberg selbst, der Ende der 1450er-Jahre nach Bamberg gereist ist, um die B 36 zu produzieren. Vielleicht waren es auch ein paar seiner erfahrenen Druckergesellen. Als Finanzgeber des Projekts kommt der Bischof selbst in Frage. Er war nämlich nicht nur ein Freund der Künste und Wissenschaften, sondern es ist bekannt, dass er 1463 das einzige heute bekannte Pergamentexemplar der B 36 dem Franziskanerkloster Coburg schenkte. Außerdem findet sich ein Beleg in den Quellen, der beweist, dass der Bischof im Jahr 1459 die enorme Summe von 523 Pfund aus seiner Kasse genommen hat. Gutenberg könnte sich auf diese Weise nicht nur Geld verdient, sondern auch dafür gesorgt haben, das Druckereihandwerk zu verbreiten, um damit Schöffer und Fust Konkurrenz zu machen.

Aber Johannes Gutenberg brachte selbst noch ein Werk auf den Markt, mit dem er bewies, dass er die richtige Nase für einen Bestseller hatte: 1460 erschien in Mainz das *Catholicon*, ein lateinisches Wörterbuch zur richtigen Auslegung der Bibel mit 14.000 Einträgen. Der Dominikaner Johannes Balbus hatte es im 13. Jahrhundert geschrieben, es war sehr populär und wurde wie ein Konversationslexikon benutzt. Obwohl Gutenberg dafür eine kleine Type schneiden ließ, eine gut lesbare Vorform der heutigen Antiqua-Schriften, hatte das Buch einen Umfang von 744 Seiten. Etwa 300 Exemplare wurden gedruckt, auf Pergament und Papier.

Schon vor der Erfindung des Buchdrucks gehört das *Catholicon* zu den meistkopierten Büchern, etwa 170 Handschriften sind heute noch erhalten. Deshalb rechnete Gutenberg mit einem Erfolg des gedruckten Werks und damit hatte er Recht. Das *Catholicon* stand in den Bibliotheken von Klöstern, Gelehrten und reichen Klerikern, nicht nur im deutschen Reich. Nach der ersten Mainzer Druckausgabe von 1460 erschienen allein im 15. Jahrhundert noch 23 weitere Ausgaben.

Die Entstehungsgeschichte der ersten gedruckten Ausgaben des *Catholicon* konnte bis heute nicht restlos geklärt werden und gehört zu den besonders spannenden Rätseln der Frühdruckforschung. Vier Ausgaben können unterschieden werden, eine auf Pergament und je drei auf Papier, das verschiedene Wasserzeichen aufweist: Ochsenkopf-Papier, Galliziani-Papier und Turm-Krone-Papier. Sicher ist, dass die Pergamentausgaben und die auf dem Ochsenkopfpapier um 1460 entstanden sind und auf Gutenberg als Drucker verweisen. Die anderen Ausgaben stammen aus den Jahren 1468/69 und 1472, sind also kurz vor, bzw. nach dem Tod Gutenbergs entstanden. Das große Rätsel: Der Satz ist bei allen vier Ausgaben identisch. Aber wie kann das sein? Wurde der Satz nach dem Drucken etwa nicht aufgelöst, sondern alle gesetzten Seiten aufbewahrt und von einer Werkstatt in die nächste gebracht? Das würde für eine gigantische Zahl von Lettern sprechen. Oder wurden statt einzelnen Lettern sogenannte *Slugs* gegossen, also jeweils zwei komplette Zeilen? Oder stimmt die Zeitangabe des Kolophons vielleicht nicht und alle Ausgaben sind zeitgleich entstanden? Noch hat niemand dazu eine unangreifbare Theorie aufgestellt.

Sicher ist nur, dass die Arbeit am *Catholicon* viel Zeit in Anspruch genommen haben muss. Man rechnet zwei Jahre für das Herstellen der neuen

Typen und zwei Jahre für den Druck. Gutenberg könnte dadurch in einen finanziellen Engpass geraten sein, und das wäre eine Erklärung dafür, dass er die Zinsen für seinen Kredit in Straßburg seit 1458 nicht mehr bezahlt. Vielleicht brauchte er das Geld für andere Dinge. Die Straßburger verklagten ihn deshalb vor dem Reichsgericht in Rottweil, aber da Gutenberg Mainz nicht mehr verließ, hatte das keine Auswirkungen.

Wenn Gutenberg der Drucker des *Catholikon* war und dafür spricht viel, dann ist das Kolophon der ersten gedruckten Ausgabe der einzige persönliche Text, den wir heute von ihm besitzen:

„Unter dem Schutz des Höchsten, durch dessen Gunst die Zungen der Unmündigen beredt werden und der oft dem Geringen enthüllt, was er den Weisen verbirgt, ist im Jahr 1460 der Fleischwerdung des Herrn in Mainz der Mutterstadt der glorreichen deutschen Nation, welche die Güte Gottes mit einer so hellen Erleuchtung des Geistes und gnädig vor allen Nationen der Erde auszuzeichnen und zu verherrlichen gewürdigt hat, dieses vortreffliche Buch Catholicon, nicht mit Hilfe von Schreibrohr, Griffel und Feder, sondern mit der wunderbaren Harmonie und dem Maß der Typen und Formen gedruckt und vollendet worden. Darum sei Dir, Heiliger Vater, Dir, dem Sohn samt dem Heiligen Geist, dem Drei-Einigen und Einen Gott, Lob und Ehre dargebracht. Und Du, gläubiger Mensch des Universums, der Du nie aufhörst, die gebenedeite Maria zu loben, vereine Deinen Beifall mit dem Lob der Kirche für dieses Buch. Dank sei Gott."

Mainz ist als Druckort genannt, auch das Jahr 1460, aber der Drucker nicht. Da es zu dieser Zeit neben Gutenberg nur Schöffer und Fust in dieser Branche gab, und die beiden sich ja selbst immer mit Namen nannten, kann das Kolophon eigentlich nur auf Gutenberg hinweisen. Er musste seinen Namen auch nicht nennen. Die Menschen wussten, wer er war. Und Gott, so wird Gutenberg sich gedacht haben, wusste es sowieso.

SPÄTE ANERKENNUNG

In den letzten Lebensjahren von Johannes Gutenberg geriet seine Heimatstadt Mainz noch einmal in eine tiefe politische Krise, die sie schließlich ihre Freiheit kostete. Auslöser war die sogenannte Mainzer Stiftsfehde, keinesfalls eine Angelegenheit des Erzbistums allein, sondern ein Konflikt, in dem die beiden einflussreichsten Mächte der damaligen abendländischen Welt eine Rolle spielten: Papst und Kaiser.

Am 18. Juni 1459 wurde Diether von Isenburg zum neuen Erzbischof von Mainz gewählt. Mit einer Stimme Mehrheit hatte er sich knapp gegen seinen Konkurrenten Adolf von Nassau durchgesetzt. Bald wurde Isenburg zum Anführer einer antikaiserlichen und antipäpstlichen Opposition im Reich. Die Kirche bekämpfte er unter anderem wegen der extrem hohen Gebühren, die sie für seine Anerkennung als Erzbischof verlangte. Er zahlte, doch die Anerkennung erhielt er nicht. Was Isenburgs Kritik an Kaiser Friedrich III. betraf, so waren seine Vorwürfe nicht neu. Dafür spricht der berühmtberüchtigte Spitzname des Kaisers: „Des Heiligen Römischen Reiches Erzschlafmütze." Friedrich III. setzte sich nach Ansicht vieler Kritiker zu wenig für den Frieden im Reich ein, seit 15 Jahren war er kein einziges Mal selbst in die deutschen Länder gereist und mit dem Söldnerheer der Armagnaken hatte er sogar die Feinde ins Reich geholt.

1461 lud Diether von Isenburg zu einem Fürstentag nach Nürnberg. Dort wollte er Unterstützer für seine Reformpläne finden, die sich auf die Kirchen- und Reichspolitik bezogen. Jetzt wurde es Papst Pius II. zu bunt und er griff ein. Mit Rückendeckung des Kaisers erklärte er den aufmüpfigen Erzbischof am 21. August 1461 für gebannt und abgesetzt. Ein Teil des Domkapitels wählte Adolf von Nassau zum neuen Erzbischof. Der Papst bestätigte diese Wahl, aber Diether von Isenburg weigerte sich, den Erzbischofstuhl frei zu geben.

GEDRUCKTE FLUGBLÄTTER

Johannes Gutenberg war mit diesen Vorgängen gut vertraut, denn sein Freund Konrad Humery stand auf der Seite des Isenburgers. Der Gebannte hatte ein sogenanntes Kriegsmanifest verfasst, das er bei Fust und Schöffer drucken ließ. Später sollten in derselben Werkstatt auch Flugschriften Adolfs von Nassau vervielfältigt werden. So befanden sich die Mainzer Drucker plötzlich im Zentrum politischer Auseinandersetzungen. Es war das erste Mal in der Geschichte, das gedruckte Flugblätter benutzt wurden, um Propaganda zu betreiben und sowohl die Bevölkerung der Stadt als auch den Adel des Umlands aufzuwiegeln.

Die Parteien der beiden Erzbischöfe führten den Krieg natürlich auch mit herkömmlichen Waffen, allerdings selten in offenen Feldschlachten. Meistens verwüsteten sie die Gegenden im Rheinland, in denen die Bewohner zum Feind hielten. Dabei wurden Felder niedergebrannt und Dörfer geplündert. Der Konflikt weitete sich zum badisch-pfälzischen Krieg aus, wobei die badische Partei Adolf von Nassau unterstützte und die pfälzische den Isenburger. In der Schlacht von Seckenheim im Juni 1462 siegten die Pfälzer, Kurfürst Friedrich I. von der Pfalz trug seitdem den Beinamen „der Siegreiche".

Der Mainzer Stadtrat katapultierte sich in diesem Konflikt durch seine unentschlossene Politik selbst ins Aus. Zwar stand der Rat zunächst voll und ganz hinter Diether von Isenburg, der den Mainzern dafür viele Versprechungen machte, aber man wollte es sich auch mit Adolf von Nassau nicht verderben. Nach dem Sieg von Seckenheim jubelten die Mainzer, aber der Rat verbot dem Isenburger, Truppen in der Stadt zu stationieren. Deshalb war die Stadt gänzlich unvorbereitet, als Adolf von Nassau zum Gegenschlag ausholte. Er schickte ein paar Steiger mit Sturmleitern über die Stadtmauer und konnte mit 500 Mann über das Gautor einrücken.

Nach 12 Stunden erbitterten Kampfes war Mainz besiegt, Diether von Isenburg konnte sich gerade noch retten. Er floh, wie sein Kontrahent später in einer Flugschrift höhnte, „nackt und barfuss mit einem Seil über die Mauer". Die Bilanz der Straßenkämpfe war erschütternd: über 350 Bürger waren tot, an die 150 Häuser verbrannt. Die Soldaten hatten hemmungslos

SPÄTE ANERKENNUNG | 133

*Mit Sturmleitern konnten die Feinde eine
Burg- oder eine Stadtmauer überwinden.*

gemordet, geplündert und nicht lange gefragt, auf wessen Seite ein Bürger stand. Adolf von Nassaus Rache an den Überlebenden war ebenfalls hart: Am 30. Oktober 1462 mussten sich die Mainzer Bürger auf dem Dietmarkt, dem heutigen Schillerplatz einfinden. Alle Männer wurden der Stadt verwiesen, nur diejenigen, die ein wichtiges Handwerk ausübten wie Bäcker oder Fleischer, durften bleiben.

Auch Konrad Humery wurde in den Kerker geworfen, er nutzte seine Zeit dort gut und übersetzte Boethius' Buch vom *Trost der Philosophie*.

Mainz verlor alle Freiheiten und wurde wieder zu einer erzbischöflichen Residenzstadt. Statt eines Bürgermeisters stand jetzt ein erzbischöflicher Hauptmann an der Spitze der Verwaltung.

Aber schon 1463 durften die Mainzer Bürger nach und nach wieder in die Stadt zurückkehren und die ersten Gefangenen wurden entlassen, auch Humery.

Ironie der Geschichte: Nach dem Tode Adolfs im Jahre 1475 wurde Diether von Isenburg erneut zum Erzbischof von Mainz gewählt und von Papst Sixtus IV. bestätigt. Er regierte unbehelligt bis zu seinem Tod 1482.

WO WAR JOHANNES GUTENBERG?

Johannes Gutenberg hat den Mainzer Krieg von 1462 wohl nur deshalb überlebt, weil er fliehen konnte. Höchstwahrscheinlich ist er nach Eltville gezogen, wo seine Familie ja schon immer Zuflucht gesucht hatte, wenn es in Mainz brenzlig wurde. Dort lebten Verwandte von ihm, das Haus seines Bruders gehörte jetzt dem Mann seiner inzwischen verstorbenen Nichte. Genaues wissen wir nicht, aber es gibt Hinweise auf Gutenbergs Wirken in Eltville.

Denn 1467 bringen die Brüder Heinrich und Nicolaus Bechtermünz in Eltville eine gedruckte lateinische Grammatik heraus und da beide vom Druckerhandwerk zunächst keine Ahnung hatten, stellt sich die Frage: Wer hat es ihnen beigebracht? Wer hat die Werkstatt eingerichtet, wer hat ihnen die Handgriffe gezeigt, die Gesellen ausgebildet und vor allem: Wie kamen die Brüder Bechtermünz an den *Catholicon*-Typensatz Gutenbergs, den sie für die Grammatik benutzt haben? Auf all diese Fragen gibt es nur eine Antwort: Johannes Gutenberg hat in Eltville den Brüdern Bechtermünz geholfen, und da er ein Geschäftsmann war, hat er daraus auch Einnahmen bezogen. Ähnlich wie in Bamberg hat er eine Druckerei für andere ans Laufen gebracht, als Lehrmeister oder zusätzlich als technischer Leiter. Später wurde in der Offizin der Bechtermünz-Brüder auch eine Ausgabe des *Catholicon* gedruckt.

DIENSTMANN DES ERZBISCHOFS

Auch der neue Erzbischof von Mainz, Adolf von Nassau, wohnte in Eltville. Er hatte kein Geld, um die kleine Residenz in der Innenstadt von Mainz ausbauen zu lassen und angesichts der letzten Ereignisse fühlte er sich – ebenso wie seine Vorgänger – in Eltville offenbar sicherer als in Mainz.

Dass Johannes Gutenberg, der Erfinder der Buchdruckkunst ganz in der Nähe des kurfürstlichen Schlosses lebte, kann Adolf von Nassau nicht verborgen geblieben sein, irgendwer hat ihm sicher davon berichtet. Und da der Erzbischof sich schon daran gewöhnt hatte, seine Aufrufe an die Mainzer Bevölkerung bei Fust und Schöffer drucken zu lassen, wollte er vielleicht auch den Erfinder der neuen Kunst persönlich kennenlernen.

Am 17. Januar 1465 ernannte der Erzbischof Johannes Gutenberg zum Hofmann und verschaffte ihm damit endlich die offizielle Anerkennung, die er verdiente. In einer Urkunde werden die guten Dienste, die „willig dinst" gelobt, die der getreue Gutenberg, „unser lieber getruwer Johann Gudenberg" dem Erzbischof geleistet hatte. Das Amt war mit einem Treueschwur Gutenbergs und einer Reihe von Wohltaten und Privilegien verbunden: Der mit über sechzig Jahren als alter Mann geltende Gutenberg sollte ab sofort in jedem Jahr ein neues Hofkleid erhalten, also eine Garnitur wertvoller Kleidung. Dazu kamen steuerfreies Getreide und Wein für ein Jahr. Gutenberg war außerdem von den meisten Bürgerpflichten wie z. B. dem Wehrdienst befreit, und er musste auch nicht wie andere Dienstmänner am Hof des Erzbischofs leben. Johannes Gutenberg zog daher wieder zurück nach Mainz und verbrachte die letzten Jahre seines Lebens im Algesheymer Hof, direkt gegenüber der Kirche St. Christoph, in der seine Eltern ihn einst hatten taufen lassen.

Dass Gutenberg im Alter blind, arm und einsam gewesen sei, ist also eine Mär, die wir getrost zu den Akten legen können. Der Erfinder war gut versorgt, besaß vielleicht sogar noch eine Werkstatt, in der er ein paar kleinere Drucke für den Erzbischof anfertigen konnte.

Die Menschen des Mittelalters haben den eigenen Tod nicht verdrängt, sondern sie haben sich auf ihn vorbereitet. Johannes Gutenberg kümmerte sich um sein Seelenheil, in dem er einer Begräbnisbruderschaft beitrat. Sie war dem St.-Viktor-Stift angeschlossen, also genau dort, wo er vielleicht einmal zur Schule gegangen war. Die Bruderschaft nahm Stiftsherren und ihre Angehörigen und auch andere Laien auf. Sinn und Zweck der Gemeinschaft war es, für jedes Mitglied ein feierliches Begräbnis zu organisieren und das Andenken durch regelmäßige Gebete zu bewahren. Johannes Gutenberg war nicht der erste seiner Familie, der dort Eintritt fand, und da er schon 1457 als Zeuge für einen Vertrag des St.-Viktor-Stifts in Erscheinung getreten ist, könnte es sein, dass er zu diesem Zeitpunkt schon Mitglied dort war. Eine weitere Verbindung zum Stift findet sich für das Jahr 1461, als Gutenberg den sogenannten *Ablass von Neuhausen* druckt, den der Probst von St.-Viktor in Auftrag gegeben hatte.

Wie schnell oder langsam Johannes Gutenberg den Tod näherkommen fühlte, wissen wir nicht. Am 3. Februar 1468 starb er in Mainz. Sein Mitbruder Leonhard Mengoss notierte: „Anno domini 1468 uff sant blasius tag starp der ersam meister henne Ginsfleiss dem got gnade."

Beerdigt wurde Johannes Gutenberg in der Mainzer Franziskanerkirche, wo auch Verwandte von ihm begraben lagen. Da die Kirche schon lange nicht mehr existiert, ist das Grab nicht mehr aufzufinden. Wir wissen nur, dass Johannes Gutenberg, der Erfinder des Buchdrucks mit beweglichen Lettern, heute irgendwo tief unter den Einkaufsstraßen der Mainzer Innenstadt ruht.

Und so endet der Lebensweg des großen Erfinders in einem Nebel mangelnder Überlieferung, ganz so, wie er auch begonnen hat. Wird es möglich sein, jemals mehr Details über den Mann des Jahrtausends zu erfahren? Dr. Cornelia Schneider, Kuratorin am Johannes Gutenberg Museum in Mainz: „Es ist unwahrscheinlich, dass noch sensationelle neue Informationen über sein Leben auftauchen. Aber die Analysemöglichkeiten durch die digitale Technik wird uns sicher noch einige spannende Hinweise zu seiner Arbeitsweise liefern."

DAS ERBE

Gutenbergs Ausrüstung, darunter der Typensatz der B 42 vererbte er seinem Freund Konrad Humery, der berichtet: „ettliche formen, buchstaben, instrumente, gezauwe, und anderes zu dem truckwerck gehorende, dass Johan Gutemberg nach sinem tode gelaißen hait und myn gewest und noch ist."

Erzbischof Adolf von Nassau bestätigte das Erbe, band es jedoch an die Auflage, den Typensatz nur in Mainz zum Einsatz zu bringen. Humery verkaufte ihn später an Peter Schöffer, der die B 42-Typen dann wieder einsetzte.

Doch was Johannes Gutenberg der Welt hinterlassen hat, war mehr als seine Werkstatt und die B 42-Typen. Die Verbreitung des Buchdrucks nahm ihren Lauf. Ob das nun rasend schnell ging, wie die einen Fachleute sagen oder eher langsam, wie es andere bewerten, hängt wohl davon ab, wie man diese Begriffe definiert. Für die Welt des 15. Jahrhunderts ging es wohl eher schnell.

Denn schon in Gutenbergs Todesjahr 1468 gab es Druckereien an neun Orten: Mainz, Bamberg, Straßburg, Köln, Subiaco, Rom, Eltville, Augsburg und Basel.

Allein in Mainz entstanden zwischen Gutenbergs Tod und dem Jahr 1500 noch drei weitere Offizine, von denen jedoch keine so erfolgreich war, wie die von Fust und Schöffer. Johannes Fust war bereits 1466 gestorben, Schöffer heiratete dessen Tochter Christina und brachte damit die Druckerei in seinen Besitz. Er druckte weiterhin wunderschöne Bücher, darunter 1484 und 1485 den *Herbarius Moguntinus* und den *Gart der Gesundheit*, zwei wichtige Bücher über Pflanzen und ihre Heilwirkungen, in denen sich auch viele Bilder finden. Die Druckwerkstatt im Haus zum Humbrecht wurde später auch *Schöfferhof* genannt, der noch viel später einer Biermarke den Namen gab. Schöffer erwarb noch den Nachbarhof *Zum Korb* und baute ein großes Unternehmen

Herbarius Moguntinus, gedruckt von Peter Schöffer 1484

auf, das nicht nur eine Druckerei, sondern auch einen Verlag und den Vertrieb von Büchern umfasste. Drei seiner Söhne traten in des Vaters Fußstapfen und wurden Drucker: Johann übernahm das Geschäft des Vaters in Mainz, Gratian gründete eine Druckerei im hessischen Oestrich und Peter junior druckte Noten in Mainz, Worms, Straßburg, Basel und Venedig. Wie schon Johannes Gutenberg, verließ sich auch Schöffer auf eine Mischkalkulation, druckte also zwischen den großen, aufwendigen Büchern immer wieder kleine, gut verkäufliche Texte, mit denen schnell Geld zu verdienen war. Dass Peter Schöffer seit 1489 auch als Laienrichter in Mainz arbeitete, zeigt, was für ein hohes Ansehen er genoss.

Viele der ersten Drucker übten ihr Gewerbe nicht als Hauptberuf aus, denn sie verdienten noch lange nicht genügend Geld mit Büchern und ihre Offizine waren nur phasenweise ausgelastet. Daher finden wir unter den ersten Druckern Gastwirte, Notare, Priester, Dichter und Ärzte.

In der Bamberger Offizin von Albrecht Pfister wurde fleißig weiter gedruckt, nachdem Gutenberg wieder nach Mainz zurückgekehrt war. Pfister war der erste Drucker, der Holzschnitt-Illustrationen in seine Werke aufnahm. Frühe Beispiele dafür sind die deutsche Fabelsammlung *Der Edelstein* und *Der Ackermann aus Böhmen* des Johannes von Tepl. Letzteres ist das erste gedruckte Drama in deutscher Sprache. Die anrührende Geschichte entstand um 1400 und wurde 1460 zum ersten Mal gedruckt. Es geht darin um ein Streitgespräch. Ein Bauer klagt den Tod an, weil dieser seine geliebte Frau geholt habe:

„Grimmiger Tilger aller Leute, schädlicher Verfolger aller Wesen, schrecklicher Mörder aller Menschen, Ihr, Tod, Euch sei geflucht!

Der Bauer fährt fort: Ihr nahmt sie hin, sie meine Liebste [...] Verschwunden ist mein lichter Stern am Himmel."

Doch der Tod entgegnet ungerührt, er habe nur seine Aufgabe erfüllt. Am Ende muss Gott sich in den Streit einmischen und entscheiden, wer Recht hat. Er fällt ein salomonisches Urteil: „Ihr habt beide gut gefochten; den zwingt sein Leid zu klagen, diesen der Angriff des Klägers, die Wahrheit zu sagen. Darum, Kläger, habe Ehre. Tod, habe Sieg. Denn jeder Mensch ist pflichtig, dem Tod das Leben, den Leib der Erde, die Seele Uns zu geben."

STRASSBURG, KÖLN, SUBIACO, ROM

In Straßburg baute Johannes Mentelin schon um 1460 eine Druckerei auf. Das Handwerk hatte er höchstwahrscheinlich bei Gutenberg selbst in Mainz gelernt.

Mentelin druckte mindestens 40 verschiedene Werke, darunter Bücher von Augustinus, Thomas von Aquin und Hieronymus, Albertus Magnus und die erste deutsche Bibel, die es vor der Übersetzung Martin Luthers gab. Auch Werke antiker Autoren wie Vergil und Terenz erschienen bei Mentelin und mittelalterliche höfische Dichtungen, wie der *Parzival* und *Titurel* von Wolfram von Eschenbach. Mit diesem breiten Sortiment wurde Mentelin nicht nur sehr reich, Kaiser Friedrich III. verlieh ihm für seine Dienste sogar ein Wappen.

Mentelins Mitarbeiter Heinrich Eggestein führte seit Mitte der 1460er-Jahre eine eigene Offizin in Straßburg, wo er unter anderem juristische Schriften des kanonischen und des zivilen Rechts druckte.

Der erste Buchdrucker in Köln war Ulrich Zell aus Hanau. Er hatte zuvor vermutlich bei Schöffer und Fust in Mainz gearbeitet und war 1462 wegen der Unruhen nach Köln gezogen. Zell druckte Werke von Cicero und daneben theologische und humanistische Werke. Köln wurde bald zu einem Zentrum des Frühdrucks.

In Italien fand die Kunst des Buchdrucks ihre erste Heimat im Kloster Sancta Scholastica in Subiaco bei Rom. Dort waren zunächst die deutschen Drucker Konrad Sweynheim und Arnold Pannartz dafür zuständig, die aber schon 1467 eine Druckerei in Rom am Campo de' Fiori betrieben. Bis zum Jahr 1500 entstanden in Rom über 40 Druckereien, 25 davon arbeiteten mit deutschen Druckern. Der Leiter der Vatikanischen Bibliothek, Giovanni Andrea Bussi, schrieb damals begeistert: „Deutschland ist in der Tat wert, geehrt und durch alle Jahrhunderte hoch gepriesen zu werden als Erfinderin der segensreichen Kunst. Das ist auch der Grund dafür, dass die stets rühmenswerte und des Himmelreiches würdige Seele des Nikolaus von Kues [...] den heißen Wunsch hatte, dass diese heilige Kunst, die man damals in Deutschland entstehen sah, auch in Rom heimisch werde."

Auch die Universitäten entdeckten die Erfindung des Buchdrucks für

SPÄTE ANERKENNUNG | 141

Der Ackermann diskutiert mit dem Tod über das Schicksal seiner geliebten Frau, Bamberger Frühdruck von 1460.

sich und richteten Werkstätten ein, wie z. B. 1470 an der Sorbonne. Dort arbeiteten ebenfalls drei deutsche Druckergesellen. Die erste Druckerei in England ist erst 1476 entstanden. Sie gehörte dem Kaufmann William Caxton, der das Druckerhandwerk um 1471 in Köln gelernt hatte. Von Köln ging er nach Brügge und stellte dort gemeinsam mit seinem Geschäftspartner Colard Mansion 1474 *The Recuyell of the Historyes of Troyes*, das erste gedruckte Buch in englischer Sprache her. Die Lettern stammten wahrscheinlich aus Löwen. Caxton ging zurück nach England, wo er in Westminster, das damals noch nicht zu London gehörte, die erste Druckerei in England einrichtete. Dort entstand zunächst ein Ablassbrief und bald darauf stellte Caxton die erste gedruckte Ausgabe der *Canterbury Tales* her, die im 14. Jahrhundert von Geoffrey Chaucer verfasst worden waren.

Zehn Jahre nach Gutenbergs Tod war seine Erfindung in jeder bedeutenden Stadt Europas angekommen und im Jahr 1500 war die Zahl der Druckorte auf 250 angewachsen.

EIN NEUER MARKT – DER BUCHHANDEL

Die Erfindung des Buchdrucks führte nicht nur zu einem neuen Markt, sondern auch zum Aufbau von Strukturen für die Herstellung und den Vertrieb von Büchern. Auf einiges konnten die Drucker zurückgreifen: So gab es bereits Papiermühlen, und auch der Handel mit Farben bzw. Farbpigmenten war etabliert, denn jeder Schreiber rührte sich die Farben damals selbst frisch an, weil man noch keine Technik gefunden hatte, sie länger haltbar zu machen. Die Drucker brauchten jedoch viel größere Mengen Papier und Farben und dazu noch das Metall für die Lettern. Diese Handelswege mussten erst mal geebnet werden. Außerdem mussten die Buchdrucker ihre Produkte zu den Käufern bringen. Nur kleine Druckwerke wie Kalender, Heiligenbildchen oder Ablassbriefe waren für den lokalen Markt geeignet. Für die kostspieligen Bücher, deren Leser weit verstreut lebten, mussten neue Vertriebswege gefunden werden.

Da waren zunächst reisende Händler, die mit Büchern als Kommissionsware im Gepäck von einer Stadt zur nächsten zogen. Sie besuchten ihre

Stammkunden, verkauften aber auch auf Märkten oder Messen. Frankfurt und Leipzig wurden schon früh als Handelsplätze für Bücher wichtig.

Gutenberg selbst hatte ja schon die Idee, auf dem Reichstag in Frankfurt einzelne Seiten der B 42 zu zeigen. So ähnlich machten es jetzt seine Nachfolger, sie verteilten z. B. gedruckte Anzeigen mit Listen der Bücher, die sie im Angebot hatten. Entweder gaben sie diese Zettel anderen Händlern mit oder verteilten sie selbst in anderen Städten. Kleinere Druckereien blieben auf diese Buchführer angewiesen, die oft für mehrere von ihnen reisten und immer umfangreichere Kataloge im Gepäck mitführten. Ein besonders kreativer Drucker aus den Niederlanden stellte eine Warenprobe der besonderen Art her: Er druckte eine große Anzahl einer einzigen Seite aus seinem Buch *Schöne Melusine*. Und nicht zufällig war es ein Blatt, auf dem die schöne Dame nackt im Bad zu sehen war.

Auch Peter Schöffer verkaufte zunächst über Diener, die mit seinen Büchern von Ort zu Ort reisten oder in größeren Städten Warenlager, sogenannte Faktoreien unterhielten. Dann hatte er eine bessere Idee: Er bot selbst nicht nur die eigenen, sondern auch die Bücher von anderen Druckern an und war damit einer der ersten richtigen Buchhändler der Geschichte. Später gründete er Niederlassungen in Frankfurt, Paris und Trier. Ende des 15. Jahrhunderts finden wir schon eine ganze Reihe von Buchhandlungen mit einem Lager und oft sogar mit festen Preisen.

Auch das Verlagswesen entstand in dieser Zeit. Der Verleger war ein Unternehmer, der nicht selbst druckte, sondern nur das finanzielle Risiko trug und dafür den Gewinn einstrich. Er wählte den Text aus und beauftragte einen Drucker und oft gab er auch den Vertrieb in andere Hände.

Die ersten gedruckten Bücher wurden noch nicht gebunden verkauft, sondern als Papier- oder Bogenstapel, den die Käufer selbst zum Illustrator und dann zum Buchbinder bringen mussten. Die Papierbogen wurden in Fässern transportiert. Wenn eine Druckerei mehrere Bücher im Lager hatte, musste man möglichst schnell erkennen können, was sich in welchem Papierstapel befand und daher wurden Titelblätter wichtig. Auch die Seitenzahlen kamen jetzt dazu, weil man Gefahr lief, die Reihenfolge zu vertauschen, wenn es mehrere Stapel mit verschiedenen Büchern auseinanderzuhalten galt. Auf diese Weise wurden die Bücher attraktiver für die Leser: Titelblatt, Seitenzahlen, Inhaltsverzeichnis und Register halfen bei der Orientierung.

Durch das Druckverfahren wurden Bücher immer billiger und es kam zu einem regelrechten Preisverfall: 1469 kostete ein gedrucktes Buch noch um die 47 Gulden, 30 Jahre später nur noch 16 Gulden und wieder einige Jahre später nur noch 1 bis 3 Gulden.

Die Hälfte der bis zum Jahr 1500 gedruckten Bücher waren aus heutiger Sicht *Raubkopien*, denn man druckte einfach das, was man woanders fand. Einen Urheberschutz gab es noch nicht. Das hätte die Menschen auch befremdet, denn Ende des 15. Jahrhunderts ging es ja gerade darum, die Texte der *Alten* zu bewahren, in dem man sie kopierte, also abschrieb oder eben druckte. Der Humanismus bekam durch den Buchdruck Auftrieb, aber umgekehrt sorgte auch die Bildungsbewegung des Humanismus dafür, dass die Drucker viele Aufträge erhielten. Die Gelehrten besannen sich auf die Kultur der Antike und erblickten darin eine Blütezeit, die Vollendung der Philosophie und Literatur. Alles, was sich zwischen die Antike und ihre eigene Zeit geschoben hatte, wurde jetzt mit dem einfallslosen Namen *Mittelalter* bezeichnet und damit als eine wertlose Zeit abqualifiziert. Die Humanisten lehnten das scholastische Denken mittelalterlicher Theologen ab und bemühten sich darum, möglichst viele antike Texte zu finden. Jeder, der sich für gebildet hielt, wollte die Texte von Vergil und Cicero lesen. Im Mittelalter hatte man Texte noch kompiliert, also aus verschiedenen Quellen zusammengestellt, ohne dass vermerkt wurde, woher die einzelnen Passagen stammten. Mit dem Buchdruck wurde der einzelne Autor, der Urheber sichtbar.

Die Hauptsprache der Gelehrten war immer noch Latein, was praktisch war, denn gedruckte lateinische Texte konnten in vielen Ländern verkauft werden.

Die Zahl der Bücher wuchs – nach damaligen Maßstäben – ins Unermessliche. Schätzungen gehen bis zum Jahr 1500 von 30.000 verschiedenen Büchern oder Einblattdrucken aus. Sollte jedes dieser Werke in einer Stückzahl von nur 300 existiert haben, dann hätte die Anzahl der gedruckten Werke bereits bei neun Millionen gelegen. Davon sind heute etwa 550.000 Exemplare erhalten, die sich auf 27.500 verschiedene Werke verteilen.

LUTHER UND DER BUCHDRUCK

Ein Drittel der deutschen Bücher, die in der ersten Hälfte des 16. Jahrhunderts gedruckt wurden, stammte aus der Feder von Martin Luther. Allein seine hochdeutsche Bibelausgabe wurde in 300 Ausgaben zu seinen Lebzeiten und mit einer Auflage von einer halben Million Exemplaren gedruckt.

In Luthers Tischreden heißt es:

„Die hohen Wohltaten der Buchdruckerei sind mit Worten nicht auszusprechen. Durch sie wird die Heilige Schrift in allen Zungen und Sprachen eröffnet und ausgebreitet, durch sie werden alle Künste und Wissenschaften erhalten, gemehrt und auf unsere Nachkommen fortgepflanzt. Die Truckerey ist summum et postremum donum [das höchste und letzte Geschenk] durch welches Gott die Sache des Evangelii fort treibet. Es ist die letzte Flamme vor dem Auslöschen der Welt."

Und wirklich hat der Buchdruck Luthers Ideen enormen Auftrieb gegeben. Luther und seine Mitstreiter hatten so häufig mit der Bibel argumentiert, dass die Menschen dieses Buch nun auch selbst lesen wollten, und Luther lieferte ihnen dann die erste verständliche Übersetzung. Zwar hatte es schon vorher deutsche Bibelübersetzungen gegeben, allein 95 Ausgaben im 15. Jahrhundert, aber die konnte eigentlich nur verstehen, wer auch Latein konnte, denn die Übersetzungen waren Wort für Wort vorgenommen worden. Luther aber forderte: „Denn man mus nicht die buchstaben inn der lateinischen sprachen fragen/ wie man sol Deutsch reden/ wie diese esel thun/ sondern/ man mus die mutter im hause, die kinder auff der gassen/ den gemeinen man auff dem marckt drukmb fragen und den selbigen auff das maul sehen/ wie sie reden/ und darnach dolmetzschen, so verstehen sie es denn/ und mercken/ das man Deutsch mit in redet."

Luther hat mit großer Sprachlust Wortschöpfungen hervorgebracht, die wir noch heute nutzen, wie die Wörter „Lückenbüßer, friedfertig, wetterwendisch, Machtwort, Feuereifer, Langmut, oder Lästermaul". Daneben machte er viele Redewendungen bekannt: „Sein Licht unter den Scheffel stellen. Ein Stein des Anstoßes sein. Mit Blindheit geschlagen sein. Der Mensch lebt nicht vom Brot allein. Niemand kann zwei Herren dienen." Das Luther-Deutsch wurde von seinen Anhängern übernommen und daher hat-

146 | JOHANNES GUTENBERG

Gutenberg-Bibel, New York, Public Library

te Martin Luther einen großen Einfluss auf die Entwicklung der deutschen Schriftsprache. Diese entwickelte erst jetzt Standardformen, die in allen deutschen Regionen galten.

FRAKTUR ODER ANTIQUA

Die europäischen Frühdrucker gingen bald dazu über, die Textura durch eine leicht lesbare Schrift zu ersetzen. Man nannte sie *littera antiqua*, weil man glaubte, es sei eine aus der Antike stammende Schrift. Das war allerdings ein Irrtum, denn die Antiqua geht auf die frühmittelalterliche karolingische Minuskel zurück. Die Antiqua ist wegen ihrer Klarheit der Ausgangspunkt für die noch heute am häufigsten genutzten Druckschriften. Fast überall in Europa löste sie die schwer lesbare Textura-Schrift ab, nur in Deutschland blieb sie – weiterentwickelt und unter der Bezeichnung Fraktur, Gotische oder Deutsche Schrift – noch in Benutzung. Der Streit darüber, ob die Antiqua oder die Fraktur vorzuziehen war, währte bis ins 20. Jahrhundert. Goethe war für die Antiqua, ließ seine Bücher aber in beiden Schriften drucken. Die Nationalsozialisten hielten die Fraktur für urdeutsch, und jüdischen Verlagen war es lange verboten, die Fraktur zu benutzen. 1941 kam es zu einer radikalen Kehrtwende, nachdem die Theorie aufgekommen war, die Frakturschrift sei von Juden erfunden worden. Seitdem duldeten die Nationalsozialisten nur noch die Antiqua.

Alle Drucker der ersten Stunde wussten, wem sie die Erfindung zu verdanken hatten. Auch Peter Schöffer wusste das, wenngleich er sich gerne als derjenige darstellte, der die *Schwarze Kunst* mit seinen Verbesserungen zur Vollendung gebracht hatte. Es war sein Enkel Johan, der in Holland bei Herzogenbusch lebte und große Verwirrung um den Urheber des Buchdrucks stiftete. Johan behauptete nämlich 1509, sein Urgroßvater Johannes Fust sei der Erfinder gewesen. Diese Lüge wiederholte er in den nächsten Jahren mehrfach wider besseres Wissen. Denn Johann Schöffer druckte selbst ein Buch, in dem stand, es sei „gedruckt worden zu Mainz, der Stadt, wo die wunderbare Kunst des Buchdrucks zuerst erfunden wurde von dem kunstreichen Johann Gutenberg im Jahr 1450".

VOM BUCHDRUCK ZUM IPHONE

„Ab und zu taucht ein revolutionäres Produkt auf, das alles verändert." Mit diesen Worten präsentierte Steve Jobs 2007 das erste iPhone. Damals konnten sich die wenigsten vorstellen, dass zehn Jahre später zwei Milliarden Menschen ein Smartphone besitzen würden. Das Smartphone hat die Kommunikation zwischen den Menschen verändert. Es vernetzt auf völlig neue Weise Familien, Freunde oder Geschäftsleute miteinander, es ermöglicht das Teilen von Informationen, Fotos, Musik und Erlebnissen in Sekundenschnelle. Ein typischer Smartphone-Nutzer schaut täglich 88 Mal aufs Handy. Auch wenn die Erfolgsgeschichte des iPhones uns alle überrascht hat, sein Erfinder galt schon vorher als cool und modern.

Wenn man heute Abbildungen der ersten Drucker und ihrer Werkstätten betrachtet, dann wirken diese Bilder 550 Jahre nach Gutenbergs Tod altmodisch und primitiv. Daher vergisst man leicht, dass Johannes Gutenberg und seine Mitstreiter alles andere als traditionsversessene, verschrobene Typen waren. Im Gegenteil: Gutenberg war ein Mann, der eine – für seine Zeit – hochmoderne Technik entwickelte, der neue Wege gegangen ist, um seine Idee Wirklichkeit werden zu lassen. Man könnte ihn also mit Steve Jobs oder Bill Gates vergleichen, wenn nicht ein wesentlicher Unterschied zu diesen beiden Unternehmern bestünde: Sie waren nicht nur Technik-Freaks, sondern auch Visionäre, bevor sie dem 20. Jahrhundert ihre Stempel aufdrückten. Gutenberg hingegen hatte gar nicht vor, die ganze Welt zu verändern. Er wollte lediglich ein einzelnes Produkt schnell und günstig herstellen und damit Geld verdienen.

Bildung für alle hatte er ebenso wenig im Sinn, wie die gesellschaftlichen Umwälzungen, die der Buchdruck mit sich brachte. Insofern kann man Johannes Gutenberg mit den Vordenkern der Moderne nicht gleichsetzen.

Aber: Auch Gutenberg glaubte, er würde der Menschheit eine segensreiche Erfindung schenken.

Man muss sich jedoch davor hüten, die Erfindung des Buchdrucks mit dem Einstieg in die Moderne gleichzusetzen, schreibt Kurt Flasch. Denn zunächst druckten Gutenberg und seine Nachfolger ja nur die Texte, die zuvor mit der Hand geschrieben worden waren. Der technische Fortschritt zog die kulturelle Entwicklung nicht automatisch nach sich, wie wir an verschiedenen Beispielen sehen können. So hat Johannes Gutenberg die sogenannte *Vulgata*, die damals gültige lateinische Version der Bibel, als Vorlage für seine gedruckte B 42 gewählt. Dass es bereits Gelehrte gab, die forderten, man müsse die Bibel aus dem Hebräischen und Griechischen neu übersetzen, hat er entweder nicht gewusst oder geflissentlich überhört. Auch haben die Inkunabel-Drucker Werke verbreitet, die schon zu ihrer Zeit als fehlerhaft, abergläubisch und sogar als gefährlich angesehen wurden. Der Einfluss des Buchdrucks auf die Verbreitung von Wissen ist daher ein sehr komplexer Vorgang, der nicht sofort zur Aufklärung des Menschen führte.

Dass der Buchdruck die Welt nachhaltig verändert hat, ist unstrittig. Dies schrieb schon der englische Philosoph Francis Bacon in seinem *Novum Organum* 1620: „Kein Reich, keine Religion, kein Stern hatte größeren Einfluss auf die menschlichen Angelegenheiten als Buchdruck, Schießpulver und Kompass."

Denn nicht nur das Buch, auch das Lesen veränderte sich: Vor dem Buchdruck wurden Bücher oft laut vorgelesen, damit mehrere Menschen gleichzeitig in den Genuss seines Inhalts kamen. Nun wurde das laute Lesen vom stillen Lesen abgelöst. Die allgemeine Lesetätigkeit führte zu einer Bildungsrevolution, die das Denken veränderte. Zum einen entstand eine Öffentlichkeit, die über gleiche Informationen verfügte. Mündlich tradiertes Wissen verlor neben dem gedruckten Wort an Wert. Der Schüler in Goethes *Faust* wird das viele Jahre später in dem berühmten Satz auf den Punkt bringen: „Denn was man schwarz auf weiß besitzt, kann man getrost nach Hause tragen." Besonders in Rechtsfragen – und die waren für die Menschen seit Beginn ihres Zusammenlebens wichtig – galt mit dem Buchdruck bald nur noch das kodierte, aufgeschriebene Recht.

SEELENLOSE DRUCKER?

Einer der ersten Kritiker des Buchdrucks war der Würzburger Benediktinerabt und Humanist Johannes Trithemius. In seinem Traktat *Zum Lobe der Schreiber* forderte er seine Mitbrüder dazu auf, weiterhin Bücher von Hand abzuschreiben:

„Wir aber, liebe Brüder, wollen im Blick auf den Lohn, den diese heilige Arbeit des Abschreibens in sich trägt, davon nicht ablassen, auch wenn wir viele Tausende von Bänden besitzen sollten. Mit geschriebenen Büchern lassen sich gedruckte Bücher niemals auf die gleiche Stufe stellen. Denn um die Rechtschreibung kümmern sich die Drucker gewöhnlich nicht. Wer aber abschreibt, verwendet darauf die größte Mühe."

Doch nicht nur die Rechtschreibfehler, die es ja auch bei den Kopisten gab, störten Trithemius, sondern er hielt die maschinelle Vervielfältigung von Texten für eine seelenlose Angelegenheit. Der Drucker musste ja weder wissen, noch verstehen, noch gutheißen, was er druckte. Das Abschreiben hingegen, so Trithemius, würde in dem Schreiber etwas bewirken, denn er selbst durchdringe den Text. Seine Haltung fließe in den Text ein und damit gewinne auch der Schreiber ein bisschen Unsterblichkeit.

Solche Gedanken waren für die Menschen damals nicht ungewöhnlich. Es gab viele, die am alten Verfahren des Abschreibens festhalten wollten. Ganz so, wie es heute noch Autoren gibt, die darauf schwören, nur von Hand oder auf der Schreibmaschine zu schreiben.

Wer profitierte zuerst von der Erfindung des Buchdrucks? An den Universitäten blieb die Auswahl der Bücher, die den Studenten zur Lektüre vorgeschrieben waren, erst einmal gleich. Immerhin konnten jetzt mehr Studenten Bücher kaufen und sich deren Inhalt ohne die Vermittlung durch Professoren aneignen. Das war vor allem im Bereich der Sprachen wichtig. Die Lehrbücher für Latein, Griechisch oder Hebräisch blieben die gleichen, aber die Studenten konnten diese Sprachen jetzt im Selbststudium lernen.

Die Humanisten, die nach dem Motto „Zurück zu den Quellen", antikes Gedankengut wiederentdecken und verbreiten wollten, waren natürlich besonders froh über die Erfindung des Buchdrucks. Ihre mühselige Arbeit des Abschreibens von antiken Texten wurde durch den Buchdruck überflüssig und der Preis von Büchern war bezahlbar. Endlich konnten sie die Werke ihrer Helden Cicero, Vergil oder Platon kaufen und sich dann – in der universalen Gelehrtensprache Latein – europaweit darüber austauschen, indem sie ihre Kommentare ebenfalls drucken ließen.

Und auch für alle anderen Wissenschaftler wie Historiker, Mathematiker, Geographen oder Mediziner machte es der Buchdruck möglich, sich schneller als je zuvor über neue Erkenntnisse zu informieren und auszutauschen: Die gedruckte Weltchronik eines Hartman Schedel wurde genauso zu einem Bestseller wie medizinische Ratgeber für den Alltag.

Immer mehr Menschen lernten seit Mitte des 15. Jahrhunderts lesen, aber sie suchten sich nicht unbedingt die Lektüre aus, die ihre Bildung vermehrte, sondern das, was ihre Sensationslust fütterte und ihre Glaubensvorstellungen bestätigte. Ein gutes Beispiel dafür sind die Bücher, die sich mit dem beliebten Thema Ehe befassten. Im 15. Jahrhundert gab es viele Texte, die wir unter dem Titel *Frauenlob* fassen können. Gleichzeitig erschienen bösartige Tiraden, in denen Frauen als sündig und minderwertig dargestellt wurden. Schließlich hat auch die Hexenverfolgung in der Frühen Neuzeit ihren Höhepunkt erreicht. Auf dem Misthaufen von Frauenhass, Sexualfeindlichkeit und Aberglauben wurden haarsträubende Theorien, wie sie z. B. in der *Hexenbulle* Niederschlag fanden, durch den Buchdruck verbreitet.

Gutenbergs Erfindung hat also gute und schlechte, richtige und falsche, segensreiche und schädliche Gedanken verbreitet, ebenso wie ein Handy heute zur liebevollen Kommunikation genauso genutzt werden kann, wie als Zeitzünder für eine Bombe.

Letztlich steckt in jedem Fortschritt auch das Risiko, die neue Technik gegen den Menschen und seine Umwelt einzusetzen. Erst der verantwortungsvolle Umgang mit einer Erfindung entscheidet darüber, ob sie der Menschheit etwas Gutes gegeben hat.

BUCHDRUCK UND ZENSUR

Gedanken, die sich ungehindert und in raschem Tempo verbreiten, waren den Herrschenden schon immer ein Dorn im Auge. Es wundert daher nicht, dass auch der Ruf nach Zensur mit der Verbreitung des Buchdrucks lauter wurde als je zuvor. Schon Papst Leo X. forderte 1485 in seinem Zensuredikt, er wolle „unsere Aufsicht über den Druck von Büchern ausüben, damit nicht in Zukunft Dornen mit dem guten Samen zusammen herauswachsen oder Gifte sich mit Arzneien vermischen".

Und trotzdem: Es wurden damals – wie heute auch – immer wieder Unwahrheiten, Lügen, Aberglauben und absurde Weltuntergangswarnungen verbreitet. Der Buchdruck konnte von allen genutzt werden, es gab keine Instanz, die Regeln aufgestellt hätte. Zwar hat die Kirche sich schon seit dem Jahr 1325 in dieser Rolle gesehen und mit dem *Index Librorum Prohibitorum* von 1559 eine Liste verbotener Schriften geschaffen, das hat die Menschen jedoch noch nie davon abgehalten, verbotene Bücher zu lesen.

Beide Parteien in der Mainzer Stiftsfehde setzten politische Flugschriften ein. Und auch für die Reformation galt, dass sich sowohl Befürworter als auch Gegner mit eigenen Schriften an die Menschen wenden konnten. So hat der Buchdruck auch die Idee der öffentlichen Meinungsbildung und der Meinungsfreiheit befeuert.

Wagen wir die Behauptung, dass sich unter den Druckern und Buchhändlern häufig Menschen befinden, die für die Freiheit des Geistes eintreten.

Hätte Gutenberg das geschätzt? Können wir eine solche Aussage über ihn treffen? Versuchen wir noch einmal, uns ein Bild von ihm zu machen: Er wollte sich von niemandem vereinnahmen lassen, er hatte kein Interesse daran, seinen Namen groß herauszustellen, er wollte die Gesellschaft nicht besser oder gerechter machen. Aber ebenso wenig, wie wir ihn zu einem Vorreiter der Gedankenfreiheit stilisieren können, lässt er sich in die Partei der zaudernden, gestrigen, klein denkenden Menschen eingliedern.

Johannes Gutenberg war ein Mann der Tat, der Klarheit, des Kampfes um sein Glück. Kein Heiliger und kein Heuchler. Einer, in dessen Gesellschaft viel gearbeitet und sicherlich auch viel gelacht wurde. Keine schlechten Voraussetzungen für einen Helden der Weltgeschichte.

VOM BUCHDRUCK ZUM IPHONE | 153

*Bundesdeutsche Briefmarke (1954) zum
500-jährigen Jubiläum der Gutenberg-Bibel*

Johannes Gutenberg, wie man ihn sich im 16. Jahrhundert vorstellte.

LITERATURVERZEICHNIS

Mai, Klaus-Rüdiger, Gutenberg. Der Mann, der die Welt veränderte.
   Berlin: Propyläen Verlag 2016
Füssel, Stephan, Johannes Gutenberg.
   Hamburg: Rowohlt Taschenbuch Verlag 2013
Matheus, Michael, Mainz zur Zeit Gutenbergs. In: Matheus, Michael (Hrsg.), Lebenswelten Johannes
   Gutenbergs. Wiesbaden: Franz Steiner Verlag 2005
Schäfer, Regina, Adelsfamilien und Adelshöfe zur Zeit Gutenbergs. In: Matheus, Michael (Hrsg.),
   Lebenswelten Johannes Gutenbergs. Wiesbaden: Franz Steiner Verlag 2005
Venzke, Andreas, Johannes Gutenberg. Der Erfinder des Buchdrucks und seine Zeit.
   München: Piper Verlag 2000
Preßler, Karsten, Mainz im Zeitalter Gutenbergs.
   Ein Gang durch die spätmittelalterliche Stadt. Mit Stadtplan: Mainz vor 500 Jahren und heute.
   Hrsg. v. Landesamt für Denkmalpflege Rheinland-Pfalz, Mainz. Alzey: Verlag der Rheinhessischen
   Druckerwerkstatt 2000
Gutenberg. aventur und kunst. Vom Geheimunternehmen zur ersten Medienrevolution.
   Katalog zur Ausstellung der Stadt Mainz anlässlich des 600. Geburtstages von Johannes Gutenberg.
   Mainz: Verlag Hermann Schmidt 2000
Dobras, Wolfgang, Gutenberg und seine Stadt: Mainzer Geschichte im 15. Jahrhundert.
   In: aventur und kunst. Katalog zur Ausstellung (s.o.)
Ders. Münzerhausgenossen und andere Geschlechter.
   Bemerkungen zur Mainzer Oberschicht in den Bürgerkämpfen des 15. Jahrhunderts.
   In: Mainzer Zeitschrift Bd. 94/95 (1999/2000) S. 95–109
Flasch, Kurt, Der Buchdruck als geschichtliche Quelle.
   Kontinuität und Innovation. In: aventur und kunst. Katalog zur Ausstellung (s.o.)
Wagner, Sabina, Bekannter Unbekannter – Johannes Gutenberg.
   In: aventur und kunst. Katalog zur Ausstellung (s.o.)
Schneider, Cornelia, Mainzer Drucker – Drucken in Mainz I. Der Erstdrucker: Gutenberg.
   In: aventur und kunst. Katalog zur Ausstellung (s.o.)
Dies. Mainzer Drucker – Drucken in Mainz II.
   In: aventur und kunst. Katalog zur Ausstellung (s.o.)
Rautenberg, Ursula, Von Mainz in die Welt: Buchdruck und Buchhandel in der Inkunabelzeit.
   In: aventur und kunst. Katalog zur Ausstellung (s.o.)
*Hanebutt-Benz, Eva-Maria, Gutenbergs Erfindungen – Die technischen Aspekte des Druckens mit
   vielfachen Lettern auf der Buchdruckerpresse.*
   In: aventur und kunst. Katalog zur Ausstellung (s.o.)
*Köster, Kurt, Gutenberg in Straßburg. Das Aachenspiegel-Unternehmen und die unbekannte
   „aventur und kunst".* Mainz: Verlag der Gutenberg-Gesellschaft 1973
Festschrift zur Gutenberg-Feier in Mainz 1900.
   Hrsg. v. K.G. Bockenheimer, Mainz: Mainzer Verlagsanstalt 1900
Schorbach, Karl, Die urkundlichen Nachrichten über Johann Gutenberg. Otto Hartwig (Hrsg.),
   Festschrift zum fünfhundertjährigen Geburtstage von Johann Gutenberg = XXIII. Beiheft zum
   Centralblatt für Bibliothekswesen, Leipzig: Otto Harrassowitz 1900

ABBILDUNGSNACHWEIS

Wikimedia commons
S. 2 Magnus Manske; S. 10 Jacek Halicki; S. 13 Michail; S. 14 Nixnubix; S. 18 AndreasPraefcke; S. 23 unten Roland Struwe; S. 28 Dguendel; S. 31 Intrigue-Blue; S. 36 Felistoria; S. 41 Irmgard; S. 44 Eloquence; S. 47 wuselig; S. 49 TG 642; S. 54 Schedel; S.59 MagentaGreen; S. 60 Marcus Manzke; S. 69 Space-Pen; S. 82 Voyager; S. 86 Yngvadottir; S. 98 unten links Wilhei; S. 105 Kolossos; S. 108 Steveurkel; S. 115 Jossi2; S. 125 Cherubini; S. 126 biblioaprenent; S. 133 Konrad Kyeser, Bellifortis; S. 138 Wdwdbot; S. 146 Jossi2; S. 153 NobbiP; S. 154 MichaelSchoenitzer; S. 158 und Buchumschlag Jacek Halicki

Maren Gottschalk
S. 23 oben; S. 96 oben und unten, S. 98 oben und unten rechts; S. 100; S. 102; S. 141

Bayerische Staatsbibliothek München
S. 75 Clm 472#Beibd.1, fol. 240r

Martin Majoor
S. 90

Sandy Craus
S. 160 Sandy Craus/fotografieonair.com

Verlag und Autorin haben sich um die Rechteeinholung bemüht. Nicht in allen Fällen ist uns dies gelungen. Sollten Rechte geltend gemacht werden, bitten wir die Rechteinhaber sich mit dem Nachweis direkt an den Verlag zu wenden.

DANK

Mein besonderer Dank geht an Frau Dr. Cornelia Schneider, Kuratorin des Gutenberg-Museums in Mainz und den Mainzer Archivdirektor Professor Wolfgang Dobras, die alle meine Fragen geduldig beantworteten und mir wertvolle Hinweise gaben. Heinz Noack möchte ich für die detailgenaue Einführung in den Ablauf des Druckens mit der rekonstruierten Gutenberg-Presse danken. Und dafür, dass ich die Presse selbst einmal ausprobieren durfte.

Meinem Lektor Detlef Reich danke ich besonders, denn er brachte mich erst auf die Idee, ein Buch über Johannes Gutenberg zu schreiben. Außerdem hat er meinen Text mit gewohnter Klugheit und Umsicht verbessert und über die Abläufe gewacht.

Zuletzt möchte ich Claus Faika danken, weil er auch diese Reise in die Vergangenheit mit Liebe und Verständnis begleitet hat.

*Portrait eines unbekannten Künstlers von Johannes Gutenberg,
das erst nach seinem Tod entstand und daher ein Phantasiebildnis ist.*

Wir engagieren uns für das Erbe Johannes Gutenbergs

Erleben Sie die Geschichte von Druck, Buch und Schrift „live": In der rekonstruierten Gutenberg-Werkstatt im **Gutenberg-Museum Mainz** wird stündlich demonstriert, wie zu Gutenbergs Zeiten gedruckt wurde. Zu den größten Schätzen des Museums gehören zwei originale Gutenberg-Bibeln.
www.gutenberg-museum.de

Ziel der **Gutenberg Stiftung** ist die Sicherstellung und Förderung der Weltgeltung des Gutenberg-Museums Mainz, aktuell die architektonische und inhaltliche Neugestaltung des Museums. Spenden auch Sie für das Gutenberg-Museum der Zukunft!
IBAN DE 19 5519 0000 0202020020
www. gutenberg-stiftung.de

Die **Internationale Gutenberg-Gesellschaft in Mainz e.V.** ist eine Vereinigung zur Erforschung der Geschichte und Entwicklung der Drucktechnik und der schriftorientierten Medien. Werden Sie Mitglied!
www.gutenberg-gesellschaft.de

GUTENBERG–SHOP

1000 Produkte aus der Welt des Druckens finden Sie unter: www.gutenberg-shop.de
Mit jedem Kauf unterstützen Sie das Gutenberg-Museum Mainz.

MAREN GOTTSCHALK

Maren Gottschalk studierte in München Geschichte und Politik. Sie wurde in Mittelalterlicher Geschichte promoviert. Heute lebt sie in Leverkusen und schreibt Biographien, Romane und Kinderbücher. Daneben arbeitet sie für den WDR-Hörfunk und verfasst regelmäßig Beiträge für die Sendung „Zeitzeichen". Mehr Infos unter: www.Maren-Gottschalk.de